PROTEÇÃO DA NATUREZA NO BRASIL

20 ANOS DO SISTEMA NACIONAL DE
UNIDADES DE CONSERVAÇÃO (2000-2020)

Catalogação na Fonte
Elaborado por: Dayanne Leal Souza
Bibliotecária CRB 9/2162

D795p
2024

Drummond, José Augusto
Proteção da natureza no Brasil: 20 anos do Sistema Nacional de Unidades de Conservação (2000 - 2020) / José Augusto Drummond ... [et al.]. - 1. ed. - Curitiba: Appris, 2024.
183 p. : il. color. ; 23 cm. (Coleção Sustentabilidade, Impacto e Gestão Ambiental).

Inclui referências.
ISBN 978-65-250-6208-2

1. Proteção da biodiversidade. 2. Áreas protegidas. 3. Políticas ambientais. I. Drummond, José Augusto. II. Título. III. Série.

CDD - 344.046

Livro de acordo com a normalização técnica da ABNT

Appris editora

Editora e Livraria Appris Ltda.
Av. Manoel Ribas, 2265 – Mercês
Curitiba/PR – CEP: 80810-002
Tel. (41) 3156 - 4731
www.editoraappris.com.br

Printed in Brazil
Impresso no Brasil

José Augusto Drummond
Marilia Teresinha de Sousa Machado
Cristiane Gomes Barreto
José Luiz de Andrade Franco

PROTEÇÃO DA NATUREZA NO BRASIL

20 ANOS DO SISTEMA NACIONAL DE UNIDADES DE CONSERVAÇÃO (2000-2020)

FICHA TÉCNICA

EDITORIAL	Augusto Coelho Sara C. de Andrade Coelho
COMITÊ EDITORIAL	Marli Caetano Andréa Barbosa Gouveia - UFPR Edmeire C. Pereira - UFPR Iraneide da Silva - UFC Jacques de Lima Ferreira - UP
SUPERVISOR DA PRODUÇÃO	Renata Cristina Lopes Miccelli
PRODUÇÃO EDITORIAL	Sabrina Costa
REVISÃO	Ana Lúcia Wehr
DIAGRAMAÇÃO	Andrezza Libel
CAPA	Kananda Ferreira
REVISÃO DE PROVA	Sabrina Costa

PREFÁCIO

O livro *Proteção da Natureza no Brasil – 20 anos do Sistema Nacional de Unidades de Conservação (2000-2020)* é uma contribuição importante e oportuna para avaliar e subsidiar as políticas nacionais de conservação da biodiversidade no futuro próximo. Os autores José Augusto Drummond, Marília Teresinha de Sousa Machado, Cristiane Gomes Barreto e José Luiz de Andrade Franco têm longa experiência no tema. Fazem nesta obra um histórico detalhado da evolução dos marcos legais, das políticas institucionais e das conquistas obtidas na proteção dos biomas brasileiros.

O livro é rico também em vinhetas pessoais, identificando pessoas que protagonizaram etapas importantes da construção das unidades de conservação e as ações institucionais resultantes. Há um esforço sistemático em creditar as iniciativas positivas, desde o passado histórico até o momento contemporâneo.

As análises do livro desdobram inúmeros aspectos essenciais, como a representatividade geográfica e ecológica atual das áreas protegidas, o contexto político ao longo do tempo e o seu efeito sobre os tipos e as localidades das áreas protegidas criadas em cada época, bem como a enorme extensão e importância global dos parques e reservas do Brasil. O livro não minimiza os desafios correntes, especialmente a complexa questão da regularização fundiária, um problema que infelizmente assola grande extensão de áreas rurais do Brasil, dentro ou fora de unidades de conservação. Destarte as muitas dificuldades discutidas no livro, destaquem-se os registros dos aspectos positivos documentados, como a extraordinária evolução dos marcos legais da conservação e a formação de instituições e pessoas qualificadas e abnegadas nas últimas décadas.

Os autores oferecem perspectivas importantes sobre a visitação pública, que no Brasil ainda está restrita a uma fração pequena das áreas protegidas, ao contrário de outros países onde o turismo de natureza usa os parques nacionais como âncoras da atividade. A discussão sobre as reservas particulares e sobre as unidades estaduais de conservação amplia o escopo e a substância do texto.

Ao final, somos estimulados a concordar com as palavras de encerramento do livro, reconhecendo que o Brasil tem destaque mundial pelo seu acervo de áreas protegidas ou manejadas, mesmo que haja problemas sérios a superar. Parabéns aos autores por este trabalho tão expressivo e detalhado. Desejamos que ele tenha o sucesso merecido, tal como as suas obras anteriores sobre o assunto.

Brasília, abril de 2024

Roberto B. Cavalcanti
Departamento de Zoologia
Universidade de Brasília

SUMÁRIO

INTRODUÇÃO

Este livro é resultado da atualização de um texto que José Augusto Drummond, José Luiz de Andrade Franco e Alessandra Bortoni Ninis produziram em 2005, publicado como *O Estado das áreas protegidas no Brasil – 2005*.[1] Ele se baseou em uma recém-produzida base de dados sobre áreas protegidas no Brasil. Foi a Diretoria de Áreas Protegidas (DAP) do Ministério do Meio Ambiente (MMA) que construiu essa base, como parte das atividades ligadas à reformulação da política brasileira de criação e gestão de áreas protegidas. Em março de 2005, o MMA criou um grupo de trabalho para esse fim, o GT-PNAP, sob coordenação da DAP.

Uma das tarefas do GT-PNAP foi montar o **Cadastro Nacional de Unidades de Conservação** (CNUC), como base para redigir uma proposta do Plano Estratégico Nacional de Áreas Protegidas (PNAP). O GT teve a participação de especialistas, gestores e representantes de muitas instituições governamentais e de organizações não governamentais. Passou vários meses, entre 2005 e 2006, coletando dados referentes a unidades de conservação (UCs), terras indígenas (TIs) e terras de quilombolas (TQs) e os organizou na forma do CNUC.[2] O CNUC nasceu como um instrumento derivado de compromissos assumidos pelo governo brasileiro para redigir o PNAP, previsto pela Convenção sobre Diversidade Biológica (CDB).

O CNUC reuniu e organizou dados detalhados sobre todas as UCs federais e estaduais, TIs e TQs existentes no Brasil. O nosso texto de 2005 utilizou essa nova coleção de dados, mas foi além dela, pois usou fontes secundárias para incluir uma análise conceitual sobre duas outras modalidades de áreas protegidas previstas pelo Código Florestal de 1965 – as reservas legais (RLs) e as áreas de preservação permanente (APPs). A DAP acabou incluindo as RLs e as APPs, junto a UCs, TIs e TQs, na nova política brasileira de áreas protegidas, o PNAP, instituído pelo Decreto n.º 5.758, de 13 de abril de 2006.

---

[1] DRUMMOND, José Augusto; FRANCO, José Luiz de Andrade; NINIS, Alessandra Bortoni. *O Estado das áreas protegidas no Brasil – 2005*. Brasília, 2005. Disponível em: https://www.academia.edu/3307044/O_Estado_das Áreas_Protegidas_do_Brasil_-_2005. Acesso em: 26 mar. 2024.

[2] O CNUC está disponível atualmente em: https://www.gov.br/mma/pt-br/assuntos/areasprotegidasecoturismo/plataforma-cnuc-1. Note-se que o cadastro criado em 2005 passou por várias revisões desde então, redundando na versão que usamos aqui e que tem este endereço eletrônico.

***

O Estado das Áreas Protegidas no Brasil – 2005 teve a sua origem em um relatório que a DAP encomendou a José Augusto Drummond e José Luiz de Andrade Franco, como um subsídio para a elaboração do PNAP. Drummond e Franco tiveram acesso facilitado ao CNUC e puderam consultá-lo quando ele ainda estava em construção. Adicionalmente, a equipe da DAP reuniu e repassou para Drummond e Franco dados sobre TIs e TQs.

Pouco depois de o relatório tramitar no MMA, Drummond, Franco e Ninis o reviram e o disponibilizaram na Internet em 2005. Entre 2005 e 2012, período em que o texto esteve hospedado na página eletrônica do Centro de Desenvolvimento Sustentável (CDS), da Universidade de Brasília (UnB), ele foi consultado e/ou baixado por mais de 2,2 mil pessoas. Porém, em meados de 2012, ataques de *hackers* e mudanças técnicas no *site* do CDS e nos servidores da UnB inviabilizaram por vários meses a disponibilização do texto. Dado o forte interesse que o texto tinha despertado e ainda despertava, em abril de 2013, Drummond, Franco e Ninis concordaram em postar o documento na página pessoal de Drummond, no portal Academia.edu (no endereço que consta da nota 1). Desde então e até fins de 2023 (aproximadamente, 10 anos), apesar da crescente defasagem dos dados e de algumas análises, o texto foi visualizado e/ou baixado por outras 2,6 mil pessoas. Portanto, mesmo "datado", o texto de 2005 continuou por muitos anos a despertar interesse e a ser objeto de consultas sistemáticas. Ele cumpriu a sua missão, com sobras.

Em 2009, 2010 e 2012, Drummond e Franco (com as coautoras Alessandra Bortoni Ninis e Daniela de Oliveira), trabalhando dentro do Observatório das Unidades de Conservação e Políticas Ambientais Conexas, instituído no CDS em 2006, publicaram três outros textos relacionados a áreas protegidas brasileiras. Eles estão igualmente disponíveis na Internet – um capítulo de livro e dois artigos em revistas científicas.[3,4,5] Esses três textos incluíram os resultados dos nossos primeiros esforços para atualizar alguns dados usados no texto de 2005. Eles também vêm recebendo muitas consultas e citações.

[3] DRUMMOND, José Augusto; FRANCO, José Luiz de Andrade; OLIVEIRA, Daniela de. Uma análise sobre a história e a situação das unidades de conservação no Brasil. *In*: GANEM, Roseli Senna (org.). *Conservação da biodiversidade:* legislação e políticas públicas. Brasília: Editora Câmara, 2010. p. 341-385.

[4] DRUMMOND, José Augusto; FRANCO, José Luiz de Andrade; NINIS, Alessandra Bortoni. Brazilian federal conservation units: a historical overview of their creation and of their current status. *Environment and History*, v. 15, p. 463-491, 2009.

[5] DRUMMOND, José Augusto; FRANCO, José Luiz de Andrade; OLIVEIRA, Daniela de. An assessment of Brazilian conservation units – a second look. *Novos Cadernos NAEA*, v. 15, n. 1, p. 53-83, jun. 2012.

A partir de 2015, Drummond e Franco começaram a pensar em uma ampla atualização do livro de 2005. No entanto, vários problemas dificultaram a execução da ideia. Em primeiro lugar, foi preciso envolver novas coautoras, já que Ninis e Oliveira tinham seguido novos rumos profissionais. Segundo, foi preciso lidar com modificações feitas no CNUC ao longo dos anos. Houve, inclusive, alguns curtos períodos em que o CNUC ficou indisponível na Internet, pois equipes do MMA e do Instituto Chico Mendes de Conservação da Biodiversidade (ICMBio) estavam revisando a base. Além disso, outras atividades acadêmicas nossas (aulas, projetos de pesquisa, publicações, orientações) comprometeram a nossa dedicação integral ao projeto, que se revelou cada vez mais trabalhoso.

Nos anos seguintes a 2015, fizemos duas trabalhosas rodadas de atualização dos dados constantes do CNUC e de revisão dos nossos textos de análise. A primeira rodada ocorreu em 2016, a segunda, em 2019-2020. Isso propiciou a oportunidade de usar outra importante base de dados sobre UCs: o **Painel Dinâmico de Informações** – lançada pelo ICMBio, em 2017.[6] Assim, quase todos os dados usados na presente versão resultaram das nossas consultas a essas duas bases de dados atualizadas.

Em meados de 2019, o iminente aniversário de 20 anos do Sistema Nacional de Unidades de Conservação (SNUC) e a consolidação de uma nova equipe de autores estimularam o início da produção de um novo texto, devidamente revisto e atualizado. Outro estímulo veio das muitas demandas de leitores do texto de 2005, solicitando a sua atualização.

No entanto, esse esforço foi interrompido a meio caminho, em março de 2020, por causa da eclosão da crise sanitária da pandemia da Covid-19. Tal como aconteceu com a sociedade brasileira em geral, ela transtornou a vida universitária e exigiu que os autores adotássemos novas rotinas. O resultado foi a dispersão da equipe e a interrupção do trabalho por quase três anos.

Apenas em fins de 2022 conseguimos recompor a equipe e retomar o plano de revisão / atualização do texto de 2005. A equipe usou os dados mais recentes que tínhamos levantado em 2019-2020 no CNUC e no Painel Dinâmico de Informações do ICMBio e reescreveu todo o texto. Em janeiro de 2024, fechamos o manuscrito e enviamos para apreciação da Editora Appris. O resultado desse longo ciclo de trabalho é o que o leitor tem em mãos (ou na sua tela), com o título *Proteção da natureza no Brasil – 20 anos dos Sistema Nacional de Unidades de Conservação (2000-2020)*.

[6] Disponível em: http://qv.icmbio.gov.br/QvAJAXZfc/opendoc2.htm?document=painel_corporativo_6476.qvw&host=Local&anonymous=true. Acesso em: 26 abr. 2024.

A equipe de quatro autores tem vínculos com o Centro de Desenvolvimento Sustentável (CDS) da UnB – três professores (Drummond, Franco e Barreto) e uma doutora formada pelo programa de pós-graduação do CDS e, em seguida, estagiária de pós-doutorado (Marília Teresinha de Sousa Machado). Atuamos como pesquisadores "externos" ao MMA e ao ICMBio. Consultamos e usamos os dados das duas bases, disponíveis para o público em geral. Portanto, este texto não representa as posições institucionais ou individuais de quaisquer integrantes das equipes do MMA e do ICMBio. Produzimos análises baseadas nesses dados para elaborar os nossos argumentos e responder as nossas perguntas sobre a situação das UCs brasileiras. No entanto, os autores fazem questão de reconhecer a alta qualidade técnica do CNUC e no Painel Dinâmico de Informações do ICMBio e de agradecer aos integrantes das equipes responsáveis pelas respostas que deram a algumas indagações nossas.

Não exaurimos nem tivemos intenção de exaurir o uso da grande massa de dados contidas nessas duas bases, pois usamos, principalmente, os dados disponibilizados ou aproveitáveis nas formas de séries, tabelas e gráficos. Além disso, não fizemos buscas sistemáticas de dados ausentes nas bases. O MMA e o ICMBio evidentemente geram, guardam e divulgam grandes quantidades de dados sobre UCs que (i) decidem não colocar nessas bases ou (ii) colocam em formatos (como as fichas individuais de cada UC) que geram um trabalho penoso e lento para o aproveitamento deles em textos como o nosso. No entanto, consideramos que os dados do CNUC e do Painel Dinâmico de Informações do ICMBio foram suficientes para dar densidade a este nosso texto de descrição e interpretação das UCs brasileiras.[7] Não fizemos entrevistas com servidores do MMA ou do ICMBio para obter informações que não constam das duas bases. Fizemos apenas algumas poucas consultas pontuais a eles sobre dúvidas que tivemos na consulta ao CNUC e ao Painel.

Dado o longo período de preparação deste texto, a equipe de autores decidiu encerrar a coleta de dados, tomando como limite o ano de 2020. Resistimos à tentação de coletar dados válidos para depois de 2020 (nem sempre disponíveis em 2022-2023), pois isso atrasaria ainda mais a finalização e a publicação do texto. Dessa forma, optamos por fazer o texto cobrir os 20 anos "redondos" de vigência do SNUC (2000-2020), um marco importante para o entendimento da política brasileira de áreas protegidas.

[7] Usamos complementarmente dados extraídos *de Unidades de Conservação no Brasil*, painel mantido pelo Instituto Socioambiental – ISA. Disponível em: https://uc.socioambiental.org/pt-br. Acesso em: 26 abr. 2024.

***

Diferentemente de *O Estado das Áreas Protegidas no Brasil – 2005*, este livro focaliza apenas as UCs. Consideramos evidente que é necessário tratar dos outros quatro tipos de áreas protegidas (TIs, APPs, APPs e RLs) para construir uma visão sistêmica da conservação da natureza no Brasil. No entanto, vários motivos nos levaram a concentrar a atenção nas UCs:

i. dificuldades de acesso a informações completas e atualizadas sobre os quatro outros tipos de áreas protegidas;

ii. ampliação e facilidade de acesso aos dados sobre UCs;

iii. limitações da equipe de autores, sobretudo quanto ao tempo disponível para se dedicar ao texto;

iv. entendimento de que a publicação deste texto não deveria atrasar mais.

Apesar de termos optado pelo foco em UCs, reconhecemos a amplitude do conceito de área protegida. Em 2006, conforme mencionado anteriormente, a PNAP incluiu, entre as áreas protegidas brasileiras, além das UCs, as TIs, TQs, APPs e RLs, considerando que esses quatro outros tipos de espaços e territórios contribuem ou podem contribuir para a conservação da natureza. Quase todas as TIs têm conhecidos efeitos de conservação da vegetação nativa, especialmente visíveis quando são vizinhas de áreas de grandes plantios, pastagens, minerações e desmatamentos. Ainda assim, o seu significado de reparação dos direitos territoriais aos povos originários é, a nosso ver, mais importante do que o seu papel de conservação da natureza. Entendemos que as TQs também têm um significado maior de reparação das violências da escravidão, mesmo quando elas não se associam à conservação da natureza.

O Código Florestal de 1965, Lei n.º 4.771, de 15 de setembro de 1965, estabeleceu as APPs, e a Lei n.º 7.803, de 18 de julho de 1989, instituiu as RLs. Ambas incidem sobre todas as propriedades rurais privadas e públicas, exigindo a proteção ou o uso restrito de parcelas consideráveis de vegetação nativa. Elas foram mantidas na Lei n.º 12.651, de 25 de maio de 2012, que promulgou o chamado "Novo Código Florestal", que prevê, inclusive, a montagem de um Cadastro Ambiental Rural (CAR) destinado a registrar a situação de APPs e RLs em cada uma das propriedades rurais do país. Existem bases de dados sobre TIs, TQs, APPs e RLs, mas decidimos não usá-las, pois isso retardaria a conclusão de um trabalho que já estava bem atrasado.

Existem ainda, no Brasil, corredores ecológicos, mosaicos e reservas da biosfera, dos quais tratamos apenas limitadamente aqui. O SNUC os reconhece como estratégias para a conservação da natureza. Eles podem incluir diversos tipos de áreas protegidas, reconhecidas ou não pela legislação vigente, e proporcionar a proteção de espécies e ecossistemas.

Optamos por excluir também dados e análises sobre outras instituições, instalações e unidades territoriais que contribuem de diversas formas para a conservação dos recursos naturais e para a proteção da biodiversidade – jardins botânicos, hortos florestais, viveiros, herbários, jardins zoológicos, criadouros de animais silvestres, aquários, estações florestais experimentais, estações de pesquisa, estâncias hidrominerais, bancos de germoplasma –, além de vários tipos de espaços protegidos não enquadrados no SNUC e com nomes variados, como parques ecológicos, reservas florestais, estradas-parque, reservas particulares não oficializadas, reservas ecológicas, parques e praças urbanos etc.[8] Decidimos também não tratar das UCs municipais.

***

Avanços dos campos científicos ligados à conservação da natureza – ecologia, biologia evolutiva, genética, biogeografia, taxonomia, biologia da conservação – levaram à compreensão de que as áreas protegidas precisam ser criadas, planejadas e geridas a partir de uma visão sistêmica. Um desses avanços ocorreu em meados da década de 1980: a emergência do conceito de **biodiversidade**, uma contração da expressão diversidade biológica. O conceito catalisou as preocupações de cientistas e ativistas voltados para a conservação da natureza e empenhados em esforços para evitar a extinção de espécies. Ele deslocou a noção estrita de proteção de indivíduos e espécies na direção de uma visão sistêmica, baseada também na proteção de ecossistemas e de populações geneticamente viáveis. Essa nova prioridade emergiu como forma de fazer frente ao processo da chamada "sexta extinção em massa", caracterizado por uma taxa de extinção atual de 100 a 1 mil vezes acima da taxa "de fundo" de extinção, componente normal do processo de evolução biológica.[9]

---

[8] Ver uma lista abrangente, produzida antes da criação do SNUC, das denominações dadas a numerosos tipos de áreas protegidas existentes no Brasil com a finalidade de proteger a natureza, no meticuloso estudo: BARROS, Lídia Almeida. *Vocabulário enciclopédico das unidades de conservação no Brasil*. São Paulo: Arte e Ciência; Unimar, 2000.

[9] FRANCO, José Luiz de Andrade. O conceito de biodiversidade e a história da biologia da conservação: da preservação da *wilderness* à conservação da biodiversidade. *História*, São Paulo, v. 32, n. 2, p. 21-48, jul./dez. 2013; KOLBERT, Elizabeth. *A sexta extinção:* uma história não natural. Rio de Janeiro: Editora Intrínseca, 2015.

A afirmação da perspectiva da biodiversidade ocorreu com o lançamento da Convenção sobre Diversidade Biológica (CDB), durante a Conferência das Nações Unidas sobre Meio Ambiente e Desenvolvimento (CNUMAD), realizada no Rio de Janeiro, em 1992. Pesquisas no campo da biologia da conservação indicaram a necessidade de:

i. unir esforços de conservação *in situ* (no ambiente natural) com esforços *ex situ* (em ambientes artificiais, como zoológicos, criadouros científicos, jardins botânicos e bancos de sementes ou embriões); e

ii. articular a proteção de áreas naturais pouco alteradas com estratégias de restauração ecológica e refaunação (*rewilding*).[10]

A Sexta Conferência das Partes da CDB (COP 6), realizada em 2002, em Haia (Holanda), definiu uma base conceitual sólida para a proteção da biodiversidade. A sua Decisão V estabeleceu a "**abordagem ecossistêmica**". Ela envolve o manejo de ecossistemas, assumindo o seu valor intrínseco, bem como os benefícios que eles fornecem aos humanos, a serem distribuídos de forma justa e equitativa. Trata de diferentes níveis de proteção e conservação da biodiversidade, integrando-os de forma sistêmica. Não foi exatamente uma novidade, pois os princípios dessa abordagem estavam presentes no conceito de "**manejo biorregional**", proposto por Kenton Miller (1939-2011), desde o final da década de 1960.[11] Esse conceito inspirou o desenho das reservas da biosfera, que combinam zonas-núcleo (sujeitas à proteção integral), zonas-tampão (sujeitas ao uso moderado e funcionando como protetoras das zonas-núcleo) e zonas de transição (sujeitas a usos mais intensivos, mas geridas de modo a garantir o uso sustentável dos recursos naturais).

Desse modo, o nosso foco nas UCs não impede que as situemos em relação aos outros tipos de áreas protegidas e a outras estratégias de conservação da biodiversidade. De toda forma, as UCs foram precursoras e ainda desempenham um papel central como política de proteção à natureza.

---

[10] Sobre a biologia da conservação e as estratégias de conservação desenvolvidas a partir das suas pesquisas e conceitos, ver: SOULÉ, Michael E. *Collected papers of Michael E. Soulé:* early years in modern conservation biology. Washington, DC: Island Press, 2014; SOULÉ. Michael E.; TERBORGH, John (ed.). *Continental conservation:* scientific foundations of regional reserve networks. Washington, DC: Island Press, 1999; NOSS, Reed F.; COOPERRIDER, Allen Y. *Saving nature's legacy*: protecting and restoring biodiversity. Washington, DC: Island Press / Defenders of Wildlife, 2004; GROOM, Martha J.; MEFFE, Gary K.; CARROLL, C. Ronald (ed..). *Principles of conservation biology.* 3. ed. Massachusetts: Sinauer Associates, 2006; PRIMACK, Richard; RODRIGUES, Efraim. *Biologia da conservação*. Londrina: E. Rodrigues, 2001.

[11] MILLER, Kenton. *Em busca de um novo equilíbrio:* diretrizes para aumentar as oportunidades de conservação da biodiversidade por meio do manejo biorregional. Brasília: IBAMA, 1997.

***

Por último, mencionamos, a seguir, quatro pontos que influenciaram a construção e o conteúdo do presente texto. Em primeiro lugar, tentamos incluir na análise de cada item uma visão diacrônica e comparativa, registrando a situação respectiva de cada item ao longo dos 20 anos, entre 2000 e 2020, e remontando, sempre que possível, a anos ou décadas anteriores a 2000. Em alguns casos, a comparação é feita de forma narrativa; em outros, usamos números e percentagens que atestam a evolução do item nos períodos analisados.

Em segundo lugar, a inclusão de novos itens e a exclusão de outros nas bases do CNUC e do Painel influenciaram o conteúdo do presente texto. Tentamos seguir de perto a estrutura de itens do nosso texto de 2005, determinada em grande parte pela versão original do CNUC. No entanto, a versão atual do CNUC e o Painel (que é mais recente) têm diferenças marcantes de conteúdo e de formatação. Os dados atualmente disponíveis permitiram atualizar muitas análises de 2005, mas isso não foi possível em outros casos.

A explicação é que o nosso trabalho de 2005 priorizou analisar as informações do CNUC nas formas de **séries, gráficos e tabelas abrangentes** preparados pela equipe da DAP e repassados para nós. No entanto, no presente texto, fomos obrigados, em quase todos os casos analisados, a **atualizar as séries, os gráficos e as tabelas, publicados em 2005, usando dados que "garimpamos" nas fichas individuais de dezenas ou mesmo centenas de UCs constantes do CNUC e do Painel**. Esse procedimento é evidentemente trabalhoso e lento, mas não encontramos outra maneira de identificar, por exemplo, os números de UCs com e sem conselhos gestores, ou com e sem planos de manejo. As duas bases contêm uma grande riqueza de informações e análises, mas quase todas elas aparecem nas fichas individuais de cada UC. Poucas vezes usamos no texto informações referentes a **UCs individuais**, pois o nosso texto assumiu uma abordagem "horizontal" (conforme explicamos abaixo), priorizando os **grupos de UCs** captados nas séries, nos gráficos e nas tabelas.

Outra novidade deste texto em relação ao de 2005 é o uso do mencionado **Painel Dinâmico de Informações do ICMBio**, ao qual nos referimos ao longo do texto como Painel do ICMBio ou simplesmente Painel. Ele foi divulgado apenas em 2017, quando já estávamos engajados na atualização do livro de 2005. Embora ele tenha um grau de superposição de dados com o CNUC atualizado, avaliamos que deveríamos consultá-lo, já que o ICMBio é o órgão legalmente incumbido da gestão das UCs brasileiras. O Painel do ICMBio tem o mesmo *design* do CNUC – uma parte menor dos seus dados cobre grupos de UCs usando séries, gráficos e tabelas, enquanto a parte maior contém dados referentes a UCs individuais.

Além disso, o Painel contém informações que nem sempre constam do CNUC, particularmente detalhes sobre a gestão das UCs individuais. Para os interessados em dados que permitem embasar ao menos parcialmente estudos "verticais" sobre UCs individuais, o Painel oferece uma riqueza de dados sobre cada UC, como áreas, biomas de pertencimento, textos de leis e regulamentos pertinentes, mapas, textos integrais de planos de manejo, notícias jornalísticas e documentos conexos, informações sobre orçamento, concessões e parcerias, existência e composição de conselhos gestores, ações socioambientais, cifras sobre visitação e até endereços, telefones e *links* para os *sites* de UCs individuais.

Cabe lembrar, no entanto, que estudos de caráter "vertical" de UCs exigem mais do que a riqueza de dados das bases que usamos. Esses estudos exigem a consulta a livros, artigos, teses, dissertações, coletâneas, relatórios de pesquisa, documentos administrativos, entrevistas, fotografias, vídeos, imagens orbitais, trabalho de campo etc.

Resumindo este segundo ponto sobre o texto, eis os itens do CNUC e do Painel atuais que permitiram novas análises:

i. quadro de pessoal do ICMBio (inclusive pessoal lotado nas UCs);

ii. infraestrutura disponível nas UCs;

iii. existência e distribuição de planos de manejo;

iv. existência e distribuição de conselhos de gestão.

Outros itens do CNUC original foram suprimidos ou modificados na sua versão atual, impedindo a atualização de algumas das nossas análises de 2005:

i. números de visitantes às UCs;

ii. receitas das UCs;

iii. existência de parcerias e convênios de gestão das UCs.

O terceiro ponto a destacar é que o nosso texto adota intencionalmente uma abordagem que chamamos de "**horizontal**". Isso significa que as nossas análises quase sempre tratam de **conjuntos de UCs** (definidas por grupo, por categoria, por localização regional / estadual, por biomas etc.). Apenas em poucos trechos a nossa análise se "**verticaliza**", ou seja, se aprofunda brevemente em uma ou outra UC singular, com a finalidade de ilustrar análises "horizontais". A trabalhosa opção de reunir grande parte dos dados individualizados do CNUC e do Painel em séries, gráficos e tabelas estimulou a nossa abordagem "horizontal".

Levando em conta o grande número de UCs e a sua dispersão por muitas categorias, regiões, estados, biomas e jurisdições, ceder à tentação de tratar mais extensamente de UCs individuais (i) nos afastaria da sólida ancoragem empírica oferecida pelo CNUC e pelo Painel e (ii) nos obrigaria a lidar com um número enorme de fontes primárias e secundárias específicas sobre centenas UCs individuais. O nosso objetivo aqui não foi produzir textos sobre UCs individuais, pois não contamos com o pessoal nem com as condições para assumir um empreendimento desse porte. Porém, confiamos que o nosso texto seja útil para quem queira focalizar UCs individuais ou em pequenos grupos.

O quarto e último ponto a colocar nesta introdução é mencionar a conjuntura recente em que as políticas ambientais brasileiras estiveram sob um ataque violento e explícito. Durante a gestão presidencial de Jair Bolsonaro (2019-2022), houve um "desmonte" intencional de várias políticas públicas federais, inclusive as políticas ambientais. Em fins de 2023 e início de 2024, quando escrevemos, as consequências desse desmonte ainda estão sendo identificadas e dimensionadas. As UCs e os demais tipos de áreas protegidas não escaparam dessa lamentável reversão que, mesmo temporária, renegou muitas décadas de avanços das políticas ambientais brasileiras. Em virtude do atraso na preparação deste livro, no entanto, decidimos não tratar aqui das causas e consequências dessa triste conjuntura sobre as UCs.[12]

***

Os autores agradecem a colaboração de Alessandra Bortoni Ninis, Daniela de Oliveira, Roseli Senna Ganem, Gilberto de Menezes Schittini, Vivian da Silva Braz, Alyne dos Santos Gonçalves, Samyra Crespo, Janaína

[12] Para uma breve apreciação do "desmonte" das políticas ambientais brasileiras durante a gestão de Jair Bolsonaro, ver: DRUMMOND, José Augusto; CAPELARI, Mauro; BARROS, Ana Flávia Granja. *Brazilian environmental policy* – a short biography. Curitiba: Appris, 2022.

Zito Losada, Leonardo Rocha, Sandra Daniela Manzano Guzmán, Márcia Diégues Leuzinger, Sandro Dutra e Silva, José Alberto Castro Macedo, Ana Pimenta Ribeiro, Camila Gonçalves de Oliveira Rodrigues, Juliana da Costa Gomes de Souza, Daguinete Maria Chaves Brito, Teresa Cristina Albuquerque de Dias Castro, Ugo E. Vercillo, Juliana Capra Maia, Mariana Vitali, Roberto Zanin, Lucas Lira, André Cunha, Sônia Elisabeth Martins, Luanna de Souza Ribeiro e outros coautores da versão original deste texto e/ou de muitos outros textos que publicamos nos últimos 20 anos sobre as UCs brasileiras.

1

SITUAÇÃO DAS UNIDADES DE CONSERVAÇÃO BRASILEIRAS EM 2020[13]

Tanto o número quanto a área conjunta das UCs brasileiras cresceram aceleradamente nas últimas décadas, nos âmbitos do governo federal e de alguns governos estaduais, que são os âmbitos focalizados neste texto. Esse crescimento ajudou a garantir a conservação de grandes parcelas da biodiversidade presente do território brasileiro, sobretudo pelo fato de o Brasil ser um país de dimensões continentais, marcado por contrastes regionais e sistematicamente apontado como um dos campeões planetários de biodiversidade.

O território brasileiro é grande (é o quinto maior país do mundo). O Brasil é o maior país tropical do mundo – cerca de 94% da sua extensão é de terras tropicais e subtropicais, úmidas ou superúmidas na sua maior parte. Essas condições, dentre outras, são propícias para fazer com que o território brasileiro seja povoado por uma imensa variedade de seres vivos, espalhados pelos seus biomas e ecossistemas. É por causa dessas condições que o Brasil é considerado não apenas "megadiverso", mas, quase consensualmente, como o país detentor da mais rica biodiversidade do planeta.[14] Vale salientar que a medição da biodiversidade de uma área não é feita apenas pela contagem do número de espécies nela registradas. A medição é bem mais complexa, pois engloba três componentes: a quantidade de espécies nativas, a "saúde" dos ecossistemas nativos nos quais vivem essas espécies e a variabilidade genética das populações de espécies.[15]

[13] É pertinente mencionar que a expressão "unidade de conservação" (que usamos neste texto) é, até onde sabemos, uma criação brasileira. Ela foi cunhada provavelmente no IBDF, em fins dos anos 1960 ou início dos anos 1970, pela equipe dirigida por Maria Teresa de Jorge Pádua. Essa equipe passou anos preparando um abrangente plano de revisão geral da política brasileira de áreas protegidas, cuja execução começou em 1979. O título desse plano (*Plano do Sistema de Unidades de Conservação no Brasil*) e a sua execução consagraram a expressão. Não registramos o uso de uma expressão igual ou similar nas línguas espanhola, inglesa ou francesa.

[14] Na Internet, existem muitos sites e páginas que contêm listas dos países detentores das mais ricas biodiversidades, alguns sem preocupação com rigor ou sem critérios definidos. O site do grupo "Mar sem fim" é um bom ponto de partida para conferir a questão, pois apresenta e discute várias listas dessas. Ver: https://marsemfim.com.br/biodiversidade-saiba-quais-sao-os-paises-campeoes/. A UNESCO e a ONG Conservation International publicam regularmente listas de países ricos em biodiversidade.

[15] FRANCO, José Luiz de Andrade. O conceito de biodiversidade e a história da biologia da conservação: da preservação da wilderness à conservação da biodiversidade. *História*, São Paulo, v. 32, n. 2, p. 21-48, jul./dez. 2013.

No entanto, tal como ocorre em muitas outras partes do mundo, a biodiversidade do território brasileiro está ameaçada. Os seus biomas e ecossistemas vêm sofrendo, em diversas escalas, sucessivos episódios de alteração, fragmentação, degradação e conversão, dando lugar a atividades produtivas, infraestruturas e cidades nas quais a biodiversidade é empobrecida ou eliminada. Esse processo é impulsionado por uma lógica antiga, implacável e bem-conhecida, que está longe de ser uma exclusividade brasileira: é a lógica do desenvolvimento "a qualquer custo", baseada no imediatismo e focada na busca do crescimento econômico "sem limites".

Com base nessa lógica, sucessivas fronteiras de recursos naturais foram identificadas, ocupadas e exploradas em quase todos os países, quase sempre de forma imprevidente, destrutiva e temporária. Muitas áreas brasileiras foram e continuam a ser "abandonadas", "deixadas para trás", consideradas "cansadas" pelos seus usuários, nos períodos colonial, imperial e republicano. Existem estimativas, geralmente imprecisas, sobre a área total e a localização dessas terras "cansadas". Pelo menos um órgão federal de alto escalão trabalhou com e divulgou, nos anos 2010, a informação de que nada menos que 23% do território brasileiro era composto por terras "abandonadas", "sem utilização" ou "subutilizadas" – uma área três vezes maior que a de todos os cultivos agrícolas brasileiros da mesma época.[16]

O reconhecimento da existência dessas fronteiras de recursos naturais, o ímpeto de explorá-las de forma imediatista e o descaso com a produção de novas terras "cansadas" unem atores que, em outros aspectos, diferem muito entre si e frequentemente expressam interesses conflitantes: grandes e pequenos agricultores e pecuaristas; trabalhadores sem-terra; assentados da reforma agrária; governantes; legisladores; planejadores federais, estaduais e municipais; partidos políticos progressistas e conservadores; garimpeiros e empresários da extração e da transformação mineral; empresários da construção civil e do processamento industrial da madeira; o setor de geração de energia hidrelétrica e os grandes e pequenos consumidores dessa energia, e assim por diante.

Apesar das mudanças recentes para melhor, como a emergência de uma consciência relativamente bem disseminada do valor dos biomas e dos ecossistemas bem preservados, a dinâmica da ocupação contínua e da explo-

[16] Ver: DRUMMOND, José Augusto. *Proteção e produção*. Rio de Janeiro: Garamond, 2014, p. 22-23. Uma discussão mais ampla desse assunto, em inglês, consta de: DRUMMOND, José Augusto. *Protected areas versus areas occupied by productive activities and infrastructure in Brazil – is there room for everybody?* Disponível em: https://www.academia.edu/30231969/Protected_areas_versus_areas_occupied_by_productive_activities_and_infrastructure_in_Brazil_is_there_room_for_everybody. Acesso em: 26 abr. 2024.

ração de novas fronteiras continua forte e concorre com essa consciência. No mínimo, a dinâmica expansionista exerce um efeito amortecedor sobre essa consciência. Nesse ponto, a grandeza territorial brasileira e a farta disponibilidade de recursos naturais (inclusive recursos abióticos, como água e minérios), em um aparente paradoxo, ajudam a adiar ações e políticas conservacionistas mais contundentes. A abundância ou a mera sensação de que existe abundância é, muitas vezes, uma forte inimiga da conservação.

A criação de UCs, nos últimos 80 anos, no Brasil – e de terras indígenas (TIs) e territórios de quilombos (TQs), há menos tempo – tem caminhado na contramão dessa forte tendência expansionista e imediatista. As UCs, no Brasil e em alguns outros países, têm ajudado a conter pontualmente os impactos desse padrão de ocupação desenfreada do território e de uso imprevidente dos seus recursos naturais. Elas permitem a sobrevivência de espaços nos quais os processos de reprodução da biodiversidade e da evolução biológica podem transcorrer sem abalos radicais de origem antrópica.

Fatos positivos, como a diversificação dos tipos de UCs, o crescimento dos números de UCs e a expansão das áreas por elas protegidas, trazem consigo, no entanto, desafios que merecem atenção. A complexidade do sistema brasileiro de UCs aumentou exponencialmente com o crescimento dos números, das categorias e das áreas acumuladas dos espaços a serem geridos e protegidos. Isso tudo demanda mais recursos para capacitar e manter profissionais, alcançar regularização fundiária, construir infraestrutura, adquirir equipamentos, fiscalizar, apoiar a pesquisa científica, promover a visitação e a educação ambiental, estabelecer parcerias de gestão, fazer planos de manejo adequados, cultivar boas relações com as comunidades locais e alcançar mais apoio social para as UCs.

Há, ainda, a necessidade de um planejamento abrangente e integrado, baseado em uma visão sistêmica, para fazer o monitoramento das ações, das fraquezas e das forças, das ameaças, dos avanços e da efetividade da gestão do conjunto de UCs. Princípios e diretrizes aceitos e claros devem funcionar como uma linguagem comum para favorecer a cooperação entre os diversos níveis de governo, as instituições, as organizações da sociedade civil, os cidadãos e os gestores das UCs. Nada disso ocorre "de graça", mesmo porque a gestão de áreas protegidas, especialmente das UCs, ainda é uma tarefa relativamente nova no conjunto das atribuições do poder público contemporâneo.

Lidar com as complexidades inerentes a um sistema grande e diversificado de UCs exige um conhecimento seguro sobre os seus componentes e sobre as suas relações mútuas. Antes de tudo, é imprescindível para o planejamento e a gestão eficazes de UCs federais e estaduais a existência de um cadastro nacional de UCs, preciso, atualizado e acessível à consulta pública. Na estrutura institucional brasileira, construir e atualizar esse cadastro – o CNUC, mencionado antes – são tarefas atribuídas ao Ministério do Meio Ambiente, com a colaboração do ICMBio e dos órgãos estaduais e municipais competentes, conforme previsto pela Lei do SNUC. A importância estratégica do CNUC – mais recentemente coadjuvado pelo Painel do ICMBio – é um dos motivos pelos quais resolvemos basear o presente texto quase exclusivamente nos dados constantes nessas duas bases de dados.[17]

[17] Para agilizar o trabalho que produziu este texto, que apresenta e discute uma grande massa de dados constantes do CNUC e do Painel do ICMBio, lembramos que nós não buscamos dados de outras fontes – sites do MMA, ICMBio e órgãos estaduais de meio ambiente, entrevistas com servidores, arquivos administrativos, meios de comunicação diversos, livros, artigos, teses, dissertações etc.

2

PUBLICAÇÕES SOBRE GRUPOS DE UNIDADES DE CONSERVAÇÃO BRASILEIRAS

Um texto único, compacto e abrangente contendo a história das áreas protegidas no Brasil, combinando descrição e análise, ainda está por ser escrito. No entanto, existe uma abundância de obras informativas e analíticas pertinentes, compondo uma enorme literatura que, além de extensa, continua a crescer. Para fins deste texto, no entanto, conforme explicado antes, priorizamos os dados constantes no CNUC (do MMA) e no Painel Dinâmico de Informações (do ICMBio). Dedicamos esta seção a identificar e comentar brevemente alguns poucos títulos que trataram da emergência de ideias conservacionistas no Brasil ou de grupos de UCs. No tocante às UCs, em particular, priorizamos livros e alguns poucos artigos que abordam **conjuntos ou grupos de UCs**, coerentemente com a nossa opção pela abordagem "horizontal", anteriormente mencionada. Por isso, não citamos aqui numerosos textos existentes sobre UCs individuais.

Sobre os primeiros parques nacionais brasileiros, Wanderbilt Duarte de Barros, que foi o primeiro diretor do primeiro parque nacional brasileiro (Itatiaia), escreveu um livro pioneiro, publicado em 1952, sobre a origem da política brasileira de criação de áreas protegidas.[18] Em 1952, havia apenas quatro PARNAs e uma FLONA no país. Maria Tereza Jorge Pádua, destacadamente envolvida na expansão das UCs brasileiras, deu, em 1997, uma aguda visão geral do processo de criação de UCs brasileiras num curto *paper* apresentado em um congresso sobre conservação da natureza.[19] Merece destaque um livro de 2001, escrito por Marc J. Dourojeanni e pela mesma Maria Tereza Jorge Pádua, no qual eles discutem a fundo a importância das UCs para a conservação da biodiversidade.[20] Em 1997, José Augusto Drummond publicou um livro em que estudou "horizontalmente" a situa-

[18] BARROS, Wanderbilt Duarte de. *Parques nacionais do Brasil*. Rio de Janeiro: Ministério da Agricultura, 1952.

[19] PÁDUA, Maria Tereza Jorge. Sistema Brasileiro de Unidades de Conservação: de onde viemos e para onde vamos? *In*: CONGRESSO BRASILEIRO DE UNIDADES DE CONSERVAÇÃO. v. I. Curitiba: IAP/UNILIVRE/ Rede Nacional Pró Unidades de Conservação, 1997. *Anais* [...]. Curitiba, 1997.

[20] DOUROJEANNI, Marc J.; PÁDUA, Maria Tereza Jorge. *Biodiversidade:* a hora decisiva. Curitiba: Editora da UFPR, 2001.

ção de todos os tipos de áreas protegidas brasileiras existentes até os anos 1980 e, em seguida, tratou "verticalmente" dos quatro parques nacionais então existentes no estado do Rio de Janeiro.[21] Maria Cecília Wey de Brito publicou, em 2000, uma aguda avaliação da política brasileira de UCs.[22] Em 2001, Carla Morsello discutiu em profundidade as UCs e as áreas protegidas em geral.[23] Marcos Antônio Reis Araújo tratou extensamente das UCs brasileiras em um bom livro publicado em 2007.[24] Em livro de 2006, Nurit Bensusan abordou argutamente a relação entre as UCs e a proteção da biodiversidade.[25] Márcia Diégues Leuzinger discutiu a relação entre UCs e populações tradicionais em um livro publicado em 2009, baseado na sua tese de doutorado.[26] Fabiana Pureza, Ângela Pellin e Claudio Pádua publicaram, em 2015, uma notável pesquisa sobre as origens das categorias de UCs.[27] Em 2015, Franco, Drummond, Cristiane Barreto e Vivian Braz publicaram um artigo "vertical" que merece menção, pois eles focalizaram o passado e o presente da primeira UC brasileira, o PARNA de Itatiaia.[28]

Existem várias coletâneas que tratam genericamente de UCs e áreas protegidas, a começar por um trabalho seminal coordenado por Antônio Herman Benjamin, publicado em 2001.[29] Vale citar, também, as coletâneas de Emiliana Debetir e Dora Orth[30] e a de Antônio José Teixeira Guerra e Maria Célia Nunes Coelho[31]. O Núcleo para Excelência de Unidades de Conservação Ambiental (NEXUC) organizou uma importante coletânea

---

[21] DRUMMOND, José Augusto. *Devastação e preservação ambiental no Rio de Janeiro* – os parques nacionais do estado do Rio de Janeiro. Niterói: EDUFF, 1997. Disponível em: https://www.academia.edu/3457370/Devastação_e_Preservação_Ambiental_no_Rio_de_Janeiro_os_parques_nacionais_do_estado_do_Rio_de_Janeiro. Acesso em: 26 abr. 2024.

[22] BRITO, Maria Cecília Wey de. *Unidades de conservação:* intenções e resultados. São Paulo: Annablume e FAPESP, 2000.

[23] MORSELLO, Carla. *Áreas protegidas públicas e privadas*: seleção e manejo. São Paulo: Annablume e FAPESP, 2001.

[24] ARAÚJO, Marcos Antônio Reis. *Unidades de conservação no Brasil* – da República à gestão de classe mundial. Belo Horizonte: Segrac, 2007.

[25] BENSUSAN, Nurit. *Conservação da biodiversidade em áreas protegidas*. Rio de Janeiro: FGV, 2006.

[26] LEUZINGER, Márcia Diégues. *Natureza e cultura:* unidades de conservação de proteção integral e populações tradicionais residentes. Curitiba: Letra da Lei, 2009.

[27] PUREZA, Fabiana; PELLIN, Angela; PÁDUA, Claudio. *Unidades de conservação:* fatos e personagens que fizeram a história das categorias de manejo. São Paulo: Matrix, 2015.

[28] FRANCO, José Luiz de Andrade; DRUMMOND, José Augusto; BARRETO, Cristiane; BRAZ, Vivian. Itatiaia, o primeiro parque nacional brasileiro: impressões de viagem e reflexões. *In*: LEUZINGER, Márcia Diégues; SILVA, Solange Teles da; CUREAU, Sandra (ed.). *Espaços territoriais especialmente protegidos*. Brasília: Uniceub, 2015. p. 93-116.

[29] BENJAMIN, Antônio Herman (ed.). *Direito ambiental das áreas protegidas*. Rio de Janeiro: Forense Universitária, 2001.

[30] DEBETIR, Emiliana; ORTH, Dora. *Unidades de conservação*: gestão e conflitos. Florianópolis: Insular, 2007.

[31] GUERRA, Antônio José Teixeira; COELHO, Maria Célia Nunes. *Unidades de conservação*: abordagens e características geográficas. Rio de Janeiro: Bertrand, 2009.

sobre a efetividade da gestão de UCs.[32] Márcia Diégues Leuzinger, Solange Teles da Silva e Sandra Cureau, três especialistas na questão das áreas públicas protegidas do Brasil, organizaram uma valiosa coletânea sobre o mesmo assunto.[33] Existe uma importante série de volumes publicados desde 1997, pela Fundação O Boticário de Proteção à Natureza, contendo os anais de vários Congressos Brasileiros de Unidades de Conservação (CBUCs), com destaque para o volume organizado por Miguel Serediuk Milano, em 2002.[34]

Há, também, publicações que combinam um "tratamento horizontal" de temas ligados ao histórico da proteção da natureza no Brasil e que, ao mesmo tempo, abordam "verticalmente" personalidades, episódios, instituições e algumas UCs. Warren Dean produziu, em 1996, um texto que rapidamente se tornou clássico, abrangendo as práticas pré-históricas e históricas degradadoras da Mata Atlântica e as primeiras ideias que inspiraram a criação de UCs na área desse bioma.[35] José Luiz de Andrade Franco e José Augusto Drummond, em livro de 2009, focalizaram a emergência de influentes ideais de proteção à natureza entre cientistas brasileiros atuantes no Museu Nacional do Rio de Janeiro, nos anos 1930-1940.[36] José Luiz de Andrade Franco, Gilberto de Menezes Schittini e Vivian da Silva Braz, em artigo de 2015, traçaram um paralelo entre a criação das áreas protegidas e o ativismo a favor da conservação da natureza no mundo e no Brasil.[37]

Outro tipo de publicação sobre UCs brasileiras tomou a forma de catálogos e atlas. Maria Tereza Jorge Pádua e Adelmar Coimbra Filho publicaram, em 1979, um atlas detalhado, com textos e fotografias, sobre os 20 PARNAs e sete REBIOs existentes na época.[38]A mesma Maria Tereza Jorge Pádua, em 1983 e 1989, lançou outros dois catálogos com conteúdos

[32] NÚCLEO para Excelência de Unidades de Conservação Ambiental (NEXUCS). *Unidades de conservação no Brasil:* o caminho da gestão para resultados. São Carlos: RiMa, 2012. Ver o site desse grupo de pesquisadores: https://www.nexucs.com.br/.

[33] LEUZINGER, Márcia Diégues; SILVA, Solange Teles da; CUREAU, Sandra (ed.). *Espaços territoriais especialmente protegidos*. Brasília: Uniceub, 2015.

[34] MILANO, Miguel Serediuk (org.). *Unidades de conservação:* atualidades e tendências. Curitiba: Fundação O Boticário de Proteção à Natureza, 2002. Os anais de vários CBUCs estão disponíveis em: https://eventos.fundacaogrupoboticario.org.br/. Acesso em: 26 abr. 2024.

[35] DEAN, Warren. *A Ferro e fogo*: a história e a devastação da Mata Atlântica brasileira. São Paulo: Companhia das Letras, 1996.

[36] FRANCO, José Luiz de Andrade; DRUMMOND, José Augusto. *Proteção à natureza e identidade nacional no Brasil, anos 1920-1940.* Rio de Janeiro: Fiocruz, 2009.

[37] FRANCO, José Luiz de Andrade; SCHITTINI, Gilberto de Menezes; BRAZ, Vivian da Silva. História da Conservação da Natureza e das Áreas Protegidas: Panorama Geral. *Historiæ*, v. 6, n. 2 (Dossiê Patrimônio Histórico e Ambiental), p. 233-270, 2015.

[38] PÁDUA, Maria Tereza Jorge; COIMBRA FILHO, Adelmar. *Os Parques nacionais do Brasil.* Rio de Janeiro: José Olympio, 1979.

parecidos com os do atlas de 1979.[39,40] Em 1996, o Instituto Brasileiro do Meio Ambiente e dos Recursos Renováveis (IBAMA) editou outro atlas com bons textos e imagens de UCs.[41] Em 2003, foi publicado um belíssimo atlas sobre os PARNAs do Brasil, com fotografias de Araquém Alcântara e texto de Reinaldo de Andrade.[42] Um bem ilustrado catálogo das UCs federais, com excelentes textos e fotografias, foi composto pelo IBAMA e MMA, em 2004.[43]

Alguns estados contam com textos de consulta sobre as UCs existentes nos seus territórios. Um bom exemplo é o **Atlas das unidades de conservação do Estado do Amapá.**[44] São Paulo também tem um atlas do gênero.[45] Recentemente, o bioma Cerrado ganhou um atlas sobre as suas UCs de proteção integral.[46]

---

[39] PÁDUA, Maria Tereza Jorge. *Os Parques nacionais e reservas biológicas do Brasil*. Brasília: Instituto Brasileiro de Desenvolvimento Florestal, 1983.

[40] PÁDUA, Maria Tereza Jorge. *Unidades de conservação do Brasil*. Brasília: Instituto Brasileiro do Meio Ambiente e dos Recursos Renováveis, 1989.

[41] CAMURÇA, Claudia (coord.). *Parques nacionais:* Brasil. São Paulo: Empresa das Artes, 1996.

[42] ANDRADE, Reinaldo de; ALCÂNTARA, Araquém. *Parques Nacionais:* Brasil. São Paulo: Empresa das Artes, 2003.

[43] IBAMA; MMA. *Atlas de conservação da natureza brasileira*: unidades federais. São Paulo: METALIVROS, 2004.

[44] DRUMMOND, José Augusto; BRITO, Daguinete Maria Chaves; CASTRO, Teresa Cristina Albuquerque de Dias. *Atlas das unidades de conservação do Estado do Amapá*. Macapá: Secretaria de Meio Ambiente do Amapá; Gerência Executiva do IBAMA no Amapá, 2005.

[45] GOVERNO DO ESTADO DE SÃO PAULO. *Atlas das unidades de conservação ambiental do Estado de São Paulo*. São Paulo: Metalivros, 1998.

[46] GANEM, Roseli Senna; FRANCO, José Luiz de Andrade. *Unidades de conservação de proteção integral do Cerrado:* base legal, histórico e gestão. Brasília: Câmara dos Deputados, 2021.

3

A EVOLUÇÃO DO CONCEITO DE ÁREAS PROTEGIDAS E O DESDOBRAMENTO DAS CATEGORIAS

Surgida a partir do fim do século XIX, a ideia de criação de áreas naturais protegidas acabou se firmando, no mundo e no Brasil, como a principal e mais disseminada estratégia de proteção da natureza. Essa ideia esteve inicialmente ligada ao interesse de preservar áreas terrestres ou aquáticas detentoras de características naturais raras – beleza cênica, grandiosidade, excepcionalidade. Isso levou à priorização de *cânions*, cachoeiras, corredeiras, cadeias montanhosas, picos de grande altitude, florestas densas, formações rochosas diversas etc.[47] Um objetivo associado à proteção de paisagens excepcionais foi o de proteger exemplares "carismáticos" da flora e da fauna, plantas e animais com forte apelo estético: as sequoias da California, as baleias dos oceanos, os grandes herbívoros africanos, o bisão da América do Norte, os micos-leões do Brasil, aves diversas, entre outros.

Em contraste, a proteção de algumas áreas derivou de preocupações patentemente "utilitárias". A proteção de mananciais e o controle da qualidade da água servida às modernas populações urbanas foi uma delas. Garantir a quantidade e a qualidade da água a ser suprida às cidades e às suas populações em rápido crescimento exigiu o cuidado com ou a recuperação de extensas áreas de bacias hidrográficas. Áreas preservadas com essa finalidade passaram a ser usadas também como locais de lazer e de pesquisas. Adirondacks é o nome de um conjunto de montanhas localizado no Nordeste do estado de New York (EUA). Essa cadeia montanhosa se tornou um marco na criação de áreas protegidas, pois, em 1892, o governo

[47] Sobre as ideias e as práticas sociais relacionadas com a criação de áreas protegidas no âmbito internacional, ver: MCCORMICK, John, *Rumo ao paraíso:* história do movimento ambientalista. Rio de Janeiro: Relume Dumará, 1992; WORSTER, Donald. *Nature's economy:* a history of ecological ideas. Cambridge: Cambridge University Press, 1998; FRANCO, José Luiz de Andrade; SCHITTINI, Gilberto de Menezes; BRAZ, Vivian da Silva. História da conservação da natureza e das áreas protegidas: Panorama Geral. *Historiæ*, v. 6, n. 2 (Dossiê Patrimônio Histórico e Ambiental), p. 233-270, 2015.

estadual criou nela o Adirondack Park, para preservar mananciais que abastecem uma das mais populosas áreas urbanas do mundo, inclusive a cidade de New York. Após o desmatamento ameaçar o abastecimento de água dessas áreas, uma mobilização popular levou as autoridades estaduais a criarem o parque. Ele é hoje um grande complexo de áreas florestadas protegidas e manejadas, medindo mais de 24 mil km^2. Protege mananciais, fornece água e serve como área de recreação e lazer.[48]

A partir de 1861 e entrando pelos anos 1890, ocorreu o replantio de uma parte da Floresta da Tijuca, na cidade do Rio de Janeiro, então capital do Império. É um exemplo brasileiro de como a preocupação com a oferta de água para uma grande população urbana levou a um trabalhoso esforço de replantio e manejo da flora de uma área degradada. A área continuou sendo protegida e administrada nas décadas seguintes, inclusive como local de lazer, apesar de sua importância declinante como fornecedora de água. Muitos anos mais tarde, em 1961, a área replantada e trechos florestados vizinhos transformaram-se no PARNA da Tijuca.[49]

Com o passar do tempo, as áreas naturais protegidas se desdobraram em diversas categorias, para atender a objetivos distintos, mas ainda dentro da meta mais geral de proteger a natureza. Encontros internacionais discutiram, e leis e políticas passaram a discutir, esses desdobramentos em diversos países. Na virada do século XIX para o século XX, os EUA criaram muitos parques nacionais e monumentos naturais, definiram reservas destinadas a proteger certos animais, mas estabeleceram também florestas nacionais (nas quais a produção madeireira era sujeita a regras impostas pelo governo central para evitar o seu esgotamento).

Bem mais recentemente, o Brasil e outros países criaram alguns tipos de áreas protegidas com objetivos propriamente "sociais", para proteger os estilos de vida de populações indígenas ou diferenciadas dos *mainstreams* sociais nacionais – no Brasil, elas são chamadas de "tradicionais". Essa tendência de diversificação foi consagrada pela meta ambiciosa da CDB: combinar conservação da biodiversidade, uso sustentável dos recursos naturais e repartição justa e equitativa dos benefícios advindos da utilização dos recursos (inclusive os genéticos).

[48] Ver: DELLOS, Matt. *In the Adirondacks* – dispatches from the largest park in the lower 48. New York: Empire State Publications, 2023.

[49] Ver: DRUMMOND, José Augusto. O Jardim dentro da máquina – breve história ambiental da Floresta da Tijuca. *Estudos Históricos*, v. 1, n. 2, p. 276-298, 1988; MENESES, Pedro da Cunha *et al*. *Parque Nacional da Tijuca* – uma floresta na metrópole. Rio de Janeiro: Andrea Jakobsson Estúdio, 2016; CEZAR, Paulo Bastos; OLIVEIRA, Rogério Ribeiro de. *A Floresta da Tijuca e a cidade do Rio de Janeiro*. Rio de Janeiro: Nova Fronteira, 1989.

Destacar algumas tendências e episódios do passado recente que afetaram a situação atual das UCs brasileiras será útil para propiciar um contexto para os muitos dados e análises que se seguirão, em particular, no tocante ao desdobramento dos tipos de áreas protegidas. O marco fundador amplamente reconhecido da moderna política de áreas protegidas foi a criação do primeiro parque nacional do mundo, o Parque Nacional de Yellowstone, em 1872, nos Estados Unidos da América. No entanto, ele não foi a primeira área protegida legalmente instituída no país (a primeira foi criada em 1864, como uma área protegida estadual na área do atual Parque Nacional de Yosemite, na California). Dos fins do século XIX até hoje, o modelo de parques nacionais se espalhou por grande parte do planeta, mesmo com adaptações. Hoje, ele é o tipo mais tradicional e mais conhecido de espaço natural protegido.[50]

Outros tipos de áreas naturais protegidas foram surgindo ao longo do tempo. Dois exemplos são os das reservas biológicas e refúgios de vida silvestre, nomes genéricos que indicam áreas criadas com o objetivo de proteger e preservar ecossistemas e espécies. Outro exemplo é o de florestas nacionais, que surgiram com grande vigor nos EUA, no início do século XX. Eram voltadas para a racionalização do uso dos recursos florestais, principalmente a madeira. As atividades extrativas permitidas nas florestas nacionais norte-americanas contrastam com os objetivos tipicamente preservacionistas dos parques nacionais, mas, ainda assim, a criação delas nasceu de uma preocupação com a escassez e o desperdício de recursos naturais.

No Brasil, a primeira proposta registrada de criação de parques nacionais até que foi precoce. Em 1876, o engenheiro André Rebouças (1838-1898), depois de visitar os EUA, se inspirou nas notícias que leu sobre o recém-criado Parque Nacional de Yellowstone para sugerir a criação de parques nacionais em dois locais do Brasil: um na Ilha do Bananal (rio Araguaia) e outro nas corredeiras de Sete Quedas (rio Paraná).[51] Seguindo a mesma motivação que informou a criação de Yellowstone, Rebouças via nessas áreas um potencial para atrair visitantes interessados em conhecer aspectos excepcionais da natureza brasileira. Coincidência ou não, muitos

[50] Para uma coletânea de textos críticos sobre a propagação do conceito norte-americano de parques nacionais para vários países, ver: FIEGE, Mark; ORSI, Jared; HAWKINS, Adrian. (org.). *National parks beyond the nation:* global perspectives on 'America's Best Idea'. Norman: Oklahoma: University of Oklahoma Press, 2016.

[51] REBOUÇAS, André. *Excursão ao salto do Guaíra:* o parque nacional. Rio de Janeiro: 1876.

anos depois, parques nacionais foram de fato criados nos dois locais que Rebouças apontou: o Parque Nacional do Araguaia, em 1959, e o Parque Nacional de Sete Quedas, em 1961.[52]

Apesar da precocidade das propostas de Rebouças, os primeiros parques nacionais brasileiros surgiram apenas na década de 1930, 60 anos depois: Itatiaia, em 1937; Iguaçu e Serra dos Órgãos, em 1939. No entanto, foi o estado de São Paulo que criou o primeiro parque brasileiro com o objetivo explícito de proteger a natureza: o Parque Estadual da Cidade, atualmente Parque Estadual da Capital, situado na cidade de São Paulo. Ele foi criado em 10 de fevereiro de 1896, pelo Decreto Estadual 335.[53]

Duas outras áreas protegidas foram criadas relativamente cedo no Brasil – embora de modo independente, curiosamente ganharam o mesmo nome: estações biológicas. Nasceram pela iniciativa de dois cientistas estrangeiros envolvidos, em fins do século XIX e princípios do XX, com o estudo e a proteção da natureza brasileira. Em 1929, o botânico sueco Alberto Loefgren (1854-1918), radicado no Brasil, conseguiu que o Ministério da Agricultura criasse, em terras adquiridas pelo governo federal a seu conselho, uma "estação biológica". Ela foi situada na localidade de Itatiaia, onde, oito anos depois, o mesmo governo federal criou o primeiro parque nacional brasileiro. O local era usado desde antes de 1929, e continuou a ser usado, como palco de numerosas expedições científicas, das quais participavam cientistas brasileiros (do Jardim Botânico do Rio de Janeiro e do Museu Nacional do Rio de Janeiro) e estrangeiros.[54] Já o alemão Herman von Ihering (1850-1930), outro estudioso estrangeiro da natureza brasileira radicado no país, criou, com recursos próprios, a Estação Biológica do Alto da Serra, situada na crista da Serra do Mar em São Paulo, acima da vila de Cubatão. Ele e outros pesquisadores frequentavam a área em seus estudos de campo. Em 1909, von Ihering doou a estação ao Museu Paulista, subordinado ao governo estadual de São Paulo. A área tem sido objeto de visitação popular e de trabalhos científicos de brasileiros e estrangeiros. A Estação Biológica do Alto da Serra tem hoje o nome Reserva Biológica Estadual do Alto da Serra de Paranapiacaba.[55]

---

[52] O Parque Nacional de Sete Quedas foi criado em 1961 e extinto em 19 de setembro de 1982, pois foi inundado pelo grande lago criado pela barragem da Usina Hidrelétrica de Itaipu. O Parque Nacional do Araguaia foi criado em 1959, mas, em 2012, teve boa parte de sua área reconhecida como Terra Indígena (TI). O ICMBio faz a sua gestão apenas a distância, a partir de uma sede localizada fora do parque.

[53] Sobre o Parque Estadual da Cidade, ver: PÁDUA, 1997, p. 216.

[54] Ver: FRANCO; DRUMMOND; BARRETO; BRAZ, 2015.

[55] Sobre a criação destas duas estações biológicas, ver: DEAN, 1996; BARROS, 1952; FRANCO; DRUMMOND, 2009.

Em 1934, o governo estadual de São Paulo criou outra categoria de área protegida, também pioneira: a Estação Florestal Experimental Dr. Epitácio Santiago. O seu ato legal de criação foi o Decreto n.º 24.104, de 10 de abril de 1934, alterado pela Lei n.º 6.209, de 28 de maio de 1975. O caráter experimental incluído no nome indicava o objetivo de pesquisar a produção e o uso industrial de madeiras. Esse objetivo sugere o seu papel precursor do que viria a ser, na terminologia brasileira atual, o grupo das UCs de uso sustentável, que inclui florestas nacionais, nas quais são previstas atividades de produção de madeira, manejo florestal e replantio de árvores. Mais tarde, a Portaria n.º 246 do Ministério do Meio Ambiente, de 18 de julho de 2001, transformou essa estação experimental na Floresta Nacional de Lorena.

No entanto, a primeira UC da categoria FLONA foi criada em 1946, com o nome de Araripe-Apodi. Localizada nas Chapada do Araripe e na Serra do Apodi, abrange ou afeta trechos dos estados do Piauí, Ceará, Rio Grande do Norte e de Pernambuco. A unidade protege uma formação arbórea e arbustiva extensa e diversificada situada em áreas montanhosas e de chapada, das quais fluem pequenos rios que abastecem dezenas de cidades e localidades rurais desses quatro estados.[56]

A história das áreas protegidas no Brasil registra também iniciativas frustradas. Em 1911, por exemplo, o Decreto Federal n.º 8.843 criou uma enorme "reserva florestal", no que é atualmente o estado do Acre, medindo 2,8 milhões de hectares. Não encontramos registro de qualquer iniciativa de implementação. Pela localização mencionada vagamente no decreto de 1911, a unidade parece corresponder ao local hoje ocupado por uma floresta estadual (Antimary), criada 86 anos depois, pelo Decreto n.º 8.843, de 7 de fevereiro de 1997, do governo estadual do Acre. É nebulosa e talvez inexistente a relação entre o decreto federal de 1911 e o decreto estadual de 1997.

No capítulo de UCs frustradas, constam ainda os PARNAs de Paulo Afonso, este criado em 1948, na Bahia, e de Sete Quedas, criado em 1959, no Paraná. Ambos foram oficialmente extintos, em 1968 e 1982, respectivamente, para dar lugar aos lagos de usinas hidrelétricas.[57] Vale mencionar que as chamadas Sete Quedas formavam um excepcional monumento natural da paisagem brasileira. Situadas no rio Paraná, formavam uma das maiores extensões fluviais encachoeiradas do mundo em volume de água.

[56] Sobre as florestas nacionais brasileiras, ver: IBAMA; MMA, 2004.

[57] Ver: PÁDUA, 1997, p. 217.

A sua vazão foi calculada como sendo duas vezes maior que a das famosas *Niagara Falls* (Cataratas de Niagara), localizadas entre os Estados Unidos da América e o Canadá.

O primeiro texto legal brasileiro a mencionar áreas protegidas, o "Código Florestal" (nome popular) de 1934, foi promulgado em 23 de janeiro de 1934, pelo Decreto n.º 23.793. Ele deu forma e conteúdo ao nosso sistema de UCs, pelo menos, até meados da década de 1960, mas teve repercussões até o fim dos anos 1970. Mais do que tratar de áreas protegidas, o código de 1934 foi o primeiro texto legal moderno a tratar especificamente das florestas brasileiras. Entre muitos outros pontos importantes, ele definiu pioneiramente a atribuição do poder público de criar parques nacionais, estaduais e municipais. Essa atribuição apareceu no contexto da classificação das florestas nativas em quatro tipos: (i) "**protetoras**" e (ii) "**remanescentes**" (sob regime de preservação permanente), (iii) "**modelo**" (plantios comerciais) e (iv) "**produtivas**" (formações nativas passíveis de exploração comercial).

As florestas protetoras, localizadas em encostas íngremes ou em torno de nascentes, foram as precursoras legais das APPs, que só foram consagradas legalmente 31 anos depois, pelo chamado "Novo Código Florestal", Lei n.º 4.771, de 15 de setembro de 1965, como um tipo de área protegida existente em grande parte das propriedades do país – urbanas ou rurais, públicas ou particulares, providas ou não de cobertura florestal. Já as florestas do tipo modelo eram aquelas plantadas e manejadas para fins comerciais e industriais. Foram um prenúncio tanto das FLONAs quanto das florestas particulares plantadas para fins comerciais. Em 1934, não havia FLONAs e havia poucas florestas plantadas com finalidades comerciais.[58] No entanto, o Brasil tem hoje 67 FLONAs, e, desde os anos 1960, o plantio de florestas para fins comerciais acelerou notavelmente no Brasil. Hoje, elas cobrem perto de 1% do território nacional, cifra que pode não impressionar à primeira vista, mas que dá base ao destacado papel do Brasil no panorama mundial de aproveitamento industrial de madeiras para fabricação de papel, papelão, pasta de papel, embalagens, mobiliário, materiais de construção etc.

[58] Nos anos 1930, talvez as únicas florestas plantadas comercialmente no Brasil eram aquelas criadas pelo engenheiro agrônomo paulista Edmundo Navarro de Andrade (1881-1941). A partir dos primeiros anos do século XX, Navarro trabalhou para a Companhia Paulista de Estrada de Ferro. Assumiu a missão de criar plantações comerciais de eucaliptos em diversos pontos do estado de São Paulo. Essas florestas passaram a gerar lenha para movimentar as locomotivas da companhia ferroviária; a madeira produzida nelas servia também para fabricar dormentes e outros produtos madeireiros úteis para a empresa. Sobre Navarro e o seu trabalho de plantio de árvores, ver: LEÃO, Regina Machado. *A floresta e o homem*. São Paulo: Edusp – IPEF, 2000.

Algumas cifras ajudam a dar a medida do papel do Código Florestal de 1934, nas primeiras décadas da política de criação de áreas protegidas. Até 1965, quando ele foi substituído pelo "Novo Código Florestal", foi a base legal de 16 parques nacionais, duas florestas nacionais e um número incerto (na casa de dezenas) de florestas protetoras de mananciais e encostas de terras públicas, as quais ficaram conhecidas pelo nome não oficial de "Florestas Protetoras da União".[59]

O Novo Código Florestal, instituído pela Lei n.º 4.771, de 15 de Setembro de 1965, foi o segundo texto legal a tratar abrangentemente das florestas brasileiras e a influenciar a política de áreas protegidas. No tocante às áreas protegidas, além de criar a categoria de reservas biológicas (REBIOs), ele trouxe como novidade principal uma classificação das UCs em termos de seus usos e finalidades. Ele dividiu as UCs em duas classes: (i) as de "uso indireto" (parques nacionais, estaduais, municipais e reservas biológicas), nas quais era vedado o uso dos recursos naturais; e (ii) as de "uso direto" (florestas nacionais, florestas protetoras, florestas remanescentes, reservas florestais e parques de caça), que permitiam a exploração direta dos recursos naturais. Essa classificação de 1965 anunciou a futura classificação das UCs em dois grupos – "proteção integral" e "uso sustentável" –, instituída 35 anos depois pela Lei do SNUC.

Desde os anos 1960 e 1970, a sistematização e o ordenamento das áreas protegidas eram uma meta discutida nos relatórios da UICN, nos congressos mundiais de parques e nos órgãos ambientais brasileiros e de muitos países. No Brasil, essa preocupação foi crescendo desde os anos 1960 e se materializou no *Plano do Sistema de Unidades de Conservação* (PSUC), documento redigido por uma equipe do IBDF nos anos 1970, dado a público em 1979 e executado nos anos seguintes. Esse plano propôs 14 categorias de UCs federais, algumas antigas e outras novas: parque nacional, reserva científica ou biológica, monumento natural, santuário ou refúgio de vida silvestre, estação ecológica, rio cênico, rodovia-parque, reserva de recurso, parque natural, floresta nacional, reserva indígena, reserva de fauna, parque de caça e monumento cultural.[60] Boa parte dessas categorias foi instituída

[59] Apenas nos antigos Distrito Federal e estado do Rio de Janeiro, Drummond apurou a criação de 32 florestas protetoras da União (FPUs), entre 1944 e 1964, com uma área total de 550 km². Várias delas foram incorporadas a UCs criadas posteriormente, como o Parque Nacional da Tijuca, a Reserva Biológica de Tinguá (federais) e o Parque Estadual de Pedra Branca (estadual). Drummond registrou ainda a criação, entre 1949 e 1964, de outras FPUs em Rondônia, Minas Gerais, Santa Catarina, São Paulo, Pernambuco e Mato Grosso. Ver em: DRUMMOND, José Augusto, *Devastação e preservação* ..., p. 291-293.

[60] BARRETO, Cristiane Gomes; FRANCO, José Luiz de Andrade; DRUMMOND, José Augusto. Cooperação internacional e as relações Brasil – EUA na conservação da natureza. *In*: SÁ, Magali Romero; SÁ, Dominichi Miranda de; Silva, André Felipe Cândido da (org.). *As Ciências na história das relações Brasil-EUA*. Rio de Janeiro: FAPERJ, 2020, p. 407-431.

legalmente ao longo dos anos 1980 ou pela Lei do SNUC, em 2000, mas outras (rio cênico, rodovia-parque, reserva de recurso, parque natural, reserva de fauna, parque de caça e monumento cultural) nunca saíram do papel.

No entanto, outras categorias estavam por vir, por iniciativa da Secretaria Especial de Meio Ambiente ISEMA). A Lei n.º 6.902, de 27 de abril de 1981, instituiu as estações ecológicas (ESECs) e as áreas de proteção ambiental (APAs). O Decreto n.º 89.336, de 31 de janeiro de 1984, criou mais duas categorias: reservas ecológicas e áreas de relevante interesse ecológico (ARIEs). As ARIEs foram reconhecidas como UCs pela Resolução n.º 12, de 14 de dezembro de 1988, do Conselho Nacional do Meio Ambiente (CONAMA). Em 2000, ARIEs, APAs e ESECs se incorporaram ao repertório de UCs instituídas pela Lei do SNUC. As reservas ecológicas de 1984 ficaram de fora do SNUC.

As reservas extrativistas (RESEXs) – com o nome original de "projetos de assentamentos extrativistas" – foram criadas com base na Portaria n.º 627, de 30 de julho de 1987, do Instituto Nacional de Colonização e Reforma Agrária (INCRA). O INCRA originalmente as definiu não como áreas protegidas, mas como um braço da política de reforma agrária, destinado a favorecer o uso dos recursos naturais por populações engajadas em várias formas de extrativismo. No entanto, o texto dessa portaria assumiu um tom de conservação ambiental. Dizia que essas formas de extrativismo "viabiliza[vam] o equilíbrio ambiental" e de "racionaliza[vam] o uso dos recursos naturais". Essas áreas só foram reconhecidas como UCs, já com o nome de reservas extrativistas, por meio do Decreto n.º 98.897, de 30 de janeiro de 1990. As RESEXs também se incorporaram à lista de UCs sancionadas pela Lei do SNUC.

Na sequência de vários regulamentos anteriores editados pelo IBDF e pelo IBAMA, o Decreto n.º 1.922, de 5 de junho de 1996, instituiu mais uma categoria de área protegida: as reservas particulares do patrimônio natural (RPPN). O decreto previa a criação de RPPNs em terras particulares, por iniciativa dos seus proprietários. Elas também se incorporaram às UCs previstas na Lei do SNUC. O número de RPPNs hoje supera os números de todas as demais categorias de UCs (examinamos as RPPNs em um item específico deste texto).

Além das numerosas categorias de áreas protegidas mencionadas nos parágrafos anteriores, diferentes esferas federais, estaduais e municipais criaram outras, com variadas denominações e finalidades. Um caso é o da Reserva Ecológica do Roncador, no Distrito Federal, reconhecida pelo

IBDF, em 1978, como uma área de interesse para pesquisa e conservação. No entanto, a Lei do SNUC não acolheu a grande maioria dessas outras categorias e determinou que a sua eventual inclusão no SNUC dependeria de reenquadramentos, caso a caso.

O Brasil chegava à década de 1990, portanto, com uma grande variedade de categorias de áreas naturais protegidas, algumas instituídas e existentes, outras apenas propostas, outras ainda instituídas com bases legais duvidosas. As existentes foram criadas por órgãos distintos, em épocas distintas e com bases legais e finalidades distintas. Ao mesmo tempo, firmava-se em escala internacional um consenso em torno da importância da proteção da biodiversidade e das paisagens nativas, particularmente nos países tropicais, entre os quais o Brasil se destaca. As áreas protegidas brasileiras, apesar de sua variedade, foram impulsionadas também, a partir dos anos 1970, pela crescente sintonia de muitos cientistas e administradores brasileiros com as mudanças no panorama mundial da conservação ambiental, pelo interesse social ampliado na questão da conservação ambiental, por parcerias e pressões internacionais, e até por certo grau de concorrência entre dois órgãos governamentais federais – a Secretaria Especial do Meio Ambiente (SEMA) e o IBDF. Faltavam, no entanto, diretrizes que "enxugassem" a excessiva variedade de categorias, definissem mais claramente os seus objetivos e garantissem a eficácia da política de criação e gerenciamento de áreas protegidas. A situação estava a exigir um esforço de sistematização.[61]

[61] Sobre a legislação referente à criação de de áreas protegidas e sobre o surgimento das diferentes categorias de UCs, ver: DRUMMOND; PLATIAU, 2006; DRUMMOND; BARROS; CAPELARI, 2022; DRUMMOND, 2016; PÁDUA, 1997; IBAMA; MMA, 2004.

4

A LEI DO SNUC – A SISTEMATIZAÇÃO DAS CATEGORIAS DE UNIDADES DE CONSERVAÇÃO

A dificuldade de sistematizar a criação e a gestão de áreas protegidas no Brasil se expressou acima de tudo na longa tramitação – que durou mais de 10 anos – da lei do Sistema Nacional de Unidades de Conservação (SNUC), Lei n.º 9.985, de 18 de julho de 2000, regulamentada pelo Decreto n.º 4.340, de 22 de agosto de 2002.[62] Um dos pontos mais controvertidos dessa tramitação foi a distinção criada entre as UCs e os quatro outros tipos de áreas protegidas já citados por nós – TIs, TQs, APPs e RLs,. A nova lei tratou, principalmente, das UCs, mas incluiu as TIs e as TQs nas classes mais amplas de áreas protegidas. No entanto, as duas mantiveram as suas bases legais originais. A Lei do SNUC incluiu também as APPS e RLs como áreas protegidas, mas elas continuaram a ter o seu respaldo legal no Novo Código Florestal de 1965.

A Lei do SNUC assim definiu uma UC:

> [...] espaço territorial e seus recursos ambientais, incluindo as águas jurisdicionais, com características naturais relevantes, legalmente instituído pelo poder público, com objetivos de conservação e limites definidos, sob regime especial de administração, ao qual se aplicam garantias adequadas de proteção.[63]

O objetivo da lei foi o de estabelecer critérios e normas para a criação, implantação e gestão das UCs. Houve um esforço específico de padronizar e organizar as múltiplas categorias de UCs preexistentes. Criadas nos âmbitos federal, estaduais, distrital (Distrito Federal) e municipais, algumas tinham denominações como parques florestais, estações biológicas, reservas ecológicas, parques ecológicos, reservas florestais e estradas-parque. A Lei

[62] Sobre o longo processo de debate e negociação ocorrido no Congresso Nacional para a aprovação dessa lei, ver o excelente testemunho/análise de: MERCADANTE, Maurício. Uma década de debate e negociação: a história da elaboração da Lei do SNUC. *In*: BENJAMIN, Antônio Herman (ed.). *Direito ambiental das áreas protegidas*. Rio de Janeiro: Forense Universitária, 2001, p. 190-231.

[63] Art. 2º, Inciso I da Lei n.º 9.985, de 18 de julho de 2000.

do SNUC não as reconheceu como UCs. Conforme mencionamos, elas teriam que ser recategorizadas, caso a caso, pelas respectivas autoridades competentes para alcançar reconhecimento e ser acolhidas no SNUC.

Nesse contexto, o "enxugamento" do número de categorias de UCs para apenas 12 foi uma importante conquista da Lei do SNUC, embora haja analistas que consideram excessivas essas 12 categorias do SNUC. Outra inovação notável foi dividir as UCs em dois grupos, assim caracterizados: (i) 5 de "proteção integral", cujo objetivo básico é preservar a natureza, admitindo-se apenas o "uso indireto" (conceito importado do Código Florestal de 1965) dos recursos naturais; e (ii) 7 de "uso sustentável", cuja finalidade é compatibilizar a conservação da natureza com o uso sustentável de parcela dos seus recursos naturais (Quadro 1).

Quadro 1 – Brasil – Grupos e categorias de unidades de conservação previstas pela Lei do Sistema Nacional de Unidades de Conservação (2000)

categoria	grupo	objetivos
Estação Ecológica (ESEC)	proteção integral	preservação da natureza e realização de pesquisas científicas
Reserva Biológica (REBIO)	proteção integral	preservação integral da biota e demais atributos naturais existentes em seus limites, sem interferência humana direta ou modificações ambientais, excetuando-se recuperação de seus ecossistemas alterados e ações de manejo necessárias para preservar o equilíbrio natural, a diversidade biológica e os processos ecológicos naturais
Parque Nacional (PARNA), Parque Estadual ou Parque Natural Municipal	proteção integral	preservação de ecossistemas naturais de grande relevância ecológica e beleza cênica, possibilitando pesquisas científicas e o desenvolvimento de atividades de educação e interpretação ambiental, recreação em contato com a natureza e visitação
Monumento Natural (MN) (*)	proteção integral	preservar sítios naturais raros, singulares ou de grande beleza cênica
Refúgio de Vida Silvestre (RVS)	proteção integral	proteger ambientes naturais para garantir a existência ou reprodução de espécies ou comunidades da flora local e da fauna residente ou migratória
Área de Proteção Ambiental (APA)	uso sustentável	proteger a diversidade biológica, disciplinar o processo de ocupação e assegurar a sustentabilidade do uso dos recursos naturais

categoria	grupo	objetivos
Área de Relevante Interesse Ecológico (ARIE)	uso sustentável	manter os ecossistemas naturais de importância regional ou local e regular o uso admissível dessas áreas, de modo a compatibilizá-lo com os objetivos de conservação da natureza
Floresta Nacional (FLONA), Floresta Estadual ou Municipal	uso sustentável	adotar o uso múltiplo sustentável dos recursos florestais e a pesquisa científica, com ênfase em métodos de exploração sustentável de florestas nativas
Reserva Extrativista (RESEX)	uso sustentável	proteger os meios de vida e a cultura de populações extrativistas tradicionais e assegurar o uso sustentável dos recursos naturais
Reserva de Desenvolvimento Sustentável (RDS)	uso sustentável	preservar a natureza e assegurar as condições e os meios necessários para a reprodução e a melhoria dos modos e da qualidade de vida e exploração dos recursos naturais pelas populações tradicionais, bem como valorizar, conservar e aperfeiçoar o conhecimento e as técnicas de manejo do ambiente desenvolvidas por elas
Reserva de Fauna (REFAU)	uso sustentável	abrigar populações de animais de espécies nativas, terrestres ou aquáticas, residentes ou migratórias, em condições adequadas a estudos técnico-científicos sobre o manejo sustentável de recursos faunísticos
Reserva Particular do Patrimônio Natural (RPPN)	uso sustentável	conservar a diversidade biológica

* As bases de dados usadas, às vezes, usam a sigla MONA.
Fonte: Lei n.º 9.985, de 18 de julho de 2000

Cabe destacar que as categorias listadas no Quadro 1 se enquadraram nos critérios definidos pela União Internacional para Conservação da Natureza (IUCN). Isso permitiu que o sistema brasileiro de UCs se adequasse aos padrões e às normas internacionais e facilitou a definição de estratégias para a captação de recursos, a realização de pesquisas comparadas, o intercâmbio de informações e experiências, o diálogo com agências internacionais, a adoção de padrões diferenciados de gestão e a gestão conjunta de áreas protegidas vizinhas ou próximas entre si.

Os objetivos e as diretrizes definidos pela Lei do SNUC mostram que as principais preocupações contempladas foram:

i. a conservação da biodiversidade em seus três níveis (espécies, ecossistemas, diversidade genética);

ii. o uso sustentável dos recursos naturais;

iii. a participação da sociedade; e

iv. a distribuição equitativa dos benefícios auferidos pelas UCs.

Esses pontos estão em sintonia com os objetivos da CDB. Assim, além de ordenar as categorias criadas em diferentes épocas, por diferentes organismos governamentais e com diferentes objetivos, a Lei do SNUC reafirmou e deu maior solidez à posição brasileira de adesão à CDB. Do ponto de vista normativo, portanto, a nossa avaliação é que o esforço de vários decênios do Brasil em prol da criação das áreas protegidas foi coroado pela Lei do SNUC e formatado de acordo com compromissos internacionais assumidos pelo País.

UNIDADES DE CONSERVAÇÃO FEDERAIS

Números e áreas das unidades de conservação federais

A evolução do número de nossas UCs federais e da área protegida por elas ao longo dos últimos 80 anos (a contar a partir de 1937) revela algumas tendências notáveis. Em poucas palavras, **cresceram fortemente o número total e a área conjunta das UCs.** Houve algumas descontinuidades, mas, no fim das contas, esse crescimento mostra que a política de criação de UCs se consolidou, tornando-se a mais duradoura política nacional de conservação da natureza.

O Gráfico 1 e a Tabela 1 apresentam dados que demonstram o crescimento dos números e das áreas de UCs, por década, assinalando ainda os totais acumulados. As últimas décadas são de afirmação da política de criação de UCs, sobretudo em dois períodos: (i) 1970 e a década de 1980, quando foram criadas 85 UCs, totalizando cerca de 23,8 milhões de hectares; e (ii) a década de 2000, quando foram criadas 122 UCs, somando mais de 75 milhões de hectares.[64]

Gráfico 1 – Brasil – Números de unidades de conservação federais criadas, por década (1930-2020) (*)

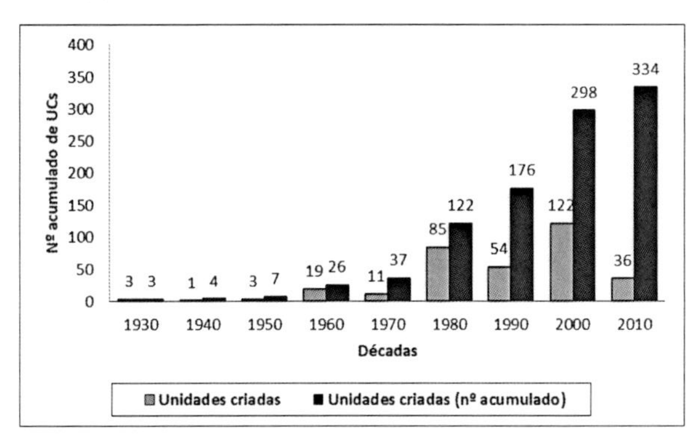

(*) Excluídos dados referentes às RPPNs.
Fonte: Instituto Chico Mendes de Conservação da Biodiversidade

[64] As cifras apresentadas aqui e nos itens seguintes deste Capítulo 5 não incluem as RPPNs federais, pois o seu grande número absoluto e o seu tamanho médio reduzido introduzem distorções no caso de análises comparativas com as outras 11 categorias de UCs. Analisamos as RRPNs federais separadamente, no Item 6.

Tabela 1 – Brasil – Áreas das unidades de conservação federais criadas, por década (1930-2020) (ha) (*)

décadas	áreas	áreas acumuladas
1930-1940	217.804	217.804
1940-1950	38.920	256.724
1950-1960	574.942	831.666
1960-1970	866.693	1.698.358
1970-1980	5.758.302	7.456.661
1980-1990	16.222.030	23.678.691
1990-2000	13.465.619	37.144.310
2000-2010	38.046.647	75.190.957
2010-2020	96.233.236	171.424.192

(*) Excluídos dados referentes às RPPNs.
Fonte: Instituto Chico Mendes de Conservação da Biodiversidade

A distribuição registrada pelos dados do Gráfico 1 e da Tabela 1 mostra que a política de criação de UCs federais teve uma decolagem lenta. Ficou quase estagnada por cerca de 30 anos (décadas de 1930, 1940 e 1950), acelerando-se um pouco em 1959 e nas décadas de 1960 e 1970. Esse padrão reflete a prevalência inicial da criação quase exclusiva de parques nacionais (poucos e pequenos), geralmente situados nas imediações de grandes e médios centros urbanos, privilegiando atributos como fácil acesso, características naturais excepcionais (embora não necessariamente bem preservadas) e facilidade para a realização de pesquisas científicas. Um novo padrão surge a partir dos fins de década de 1970, quando passaram a prevalecer quatro outros critérios para a seleção de localidades e para a criação de UCs federais:

i. criação de unidades mais numerosas e de categorias variadas;
ii. localização em áreas remotas ou de expansão das fronteiras de expansão;
iii. viés a favor de áreas significativamente maiores; e
iv. busca de aumentar a representatividade ecossistêmica do conjunto de UCs.[65]

[65] Sobre os critérios para o estabelecimento de UCs no Brasil e a sua evolução, ver: MORSELLO, 2001; DRUMMOND, 1997; DRUMMOND, José Augusto. From Randomness to Planning: the 1979 Plan for Brazilian National Parks. *In*: FIEGE, Mark; ORSI, Jared; HAWKINS, Adrian (org.). *National Parks beyond the Nation*: Global Perspectives on 'America's Best Idea'. Norman, Oklahoma: University of Oklahoma Press, 2016. p. 210-234.

No que diz respeito às UCs de proteção integral, os dados do Gráfico 2 adiante mostram que, até o fim da década de 1960, o Brasil criou majoritariamente PARNAs e uma única REBIO Sooretama (ES). Vale a pena "verticalizar" brevemente a análise da criação da REBIO Sooretama, pois é um exemplo das complexidades que envolvem a criação de muitas UCs. Vários atores – governantes estaduais e federais, naturalistas e pesquisadores – se envolveram no longo processo. A REBIO de Sooretama pode ser considerada a mais antiga do gênero, mas, antes disso, foi a primeira área protegida estadual do Espírito Santo. Resultou, principalmente, do esforço do naturalista e pesquisador Álvaro Coutinho Aguirre (1899-1987), agrônomo e funcionário do Ministério da Agricultura. Em 1942, ele estudou uma área com potencial para preservar animais silvestres no Espírito Santo, em uma propriedade doada pelo governo estadual ao governo federal. Preocupado com os avanços da ocupação e do desmatamento do norte do Espírito Santo, Aguirre escreveu:

> Tais motivos não permitem que seja adiada para mais tarde a reserva de uma área de terra naquela região [...] se quisermos legar aos nossos descendentes um pouco de nossa fauna e flora herdados dos nossos antepassados [...] A criação de uma reserva florestal no Vale do Rio Doce com o fim de proteger e apascentar os animais silvestres pertencentes à nossa fauna indígena [...] consagrará uma administração pública perante a consciência das futuras gerações.

Outros pesquisadores contribuíram para a criação da unidade, como o agrônomo e naturalista Augusto Ruschi (1915-1986). O processo de criação da futura REBIO iniciou-se em 1941, quando o governo estadual criou a Reserva Florestal do Parque da Barra Seca. Em 1945, o governo federal criou o Parque de Refúgio de Animais Silvestres Sooretama nas proximidades da reserva estadual. Em 1955, o governo estadual doou ao governo federal a reserva de Barra Seca. Em 1969, o Parque de Refúgio de Animais Silvestres de Sooretama ganhou o status de REBIO de Sooretama. Em 1971, a área da reserva foi ampliada, anexando a Reserva Florestal de Barra Seca. Em 1981, o seu plano de manejo foi elaborado, com a participação de Ruschi. Só em 1982, depois de 41 anos, o processo de criação terminou. Em 1999, a REBIO de Sooretama foi designada como uma das Reservas de Mata Atlântica da Costa do Descobrimento, declaradas como Patrimônio Natural Mundial da Humanidade pela UNESCO.[66]

[66] Ver mais informações em: https://www.wikiparques.org/wiki/Reserva_Biológica_de_Sooretama#Hist.C3.B3rico. Acesso em: 26 abr. 2024.

Foi apenas em 1974 que ocorreu a criação da segunda REBIO brasileira, que oficialmente foi a primeira. Ela também resultou de um processo relativamente longo. Trata-se da REBIO de Poço das Antas (RJ), criada diretamente pelo governo federal. Significativamente, essa reserva nasceu em conexão com o primeiro programa de longo prazo (iniciado nos anos 1960) executado no Brasil, visando a salvar uma espécie animal da extinção - o mico-leão dourado (*Leontopithecus rosalia*).[67] As ESECs, por sua vez, só começaram a ser criadas em 1981, ano de sua instituição legal.

Em 2020, existiam **149 UCs federais de proteção integral**: 74 PARNAs, 31 REBIOs, 30 ESECs, 9 RVSs e 5 MNs. Essas cifras excluem as unidades extintas. A criação delas atravessou várias décadas; as mais antigas remontam aos anos 1930 (os primeiros três PARNAs) (Gráfico 2).

Gráfico 2 - Brasil - Números de unidades de conservação de proteção integral federais criadas, por década (1930-2020)

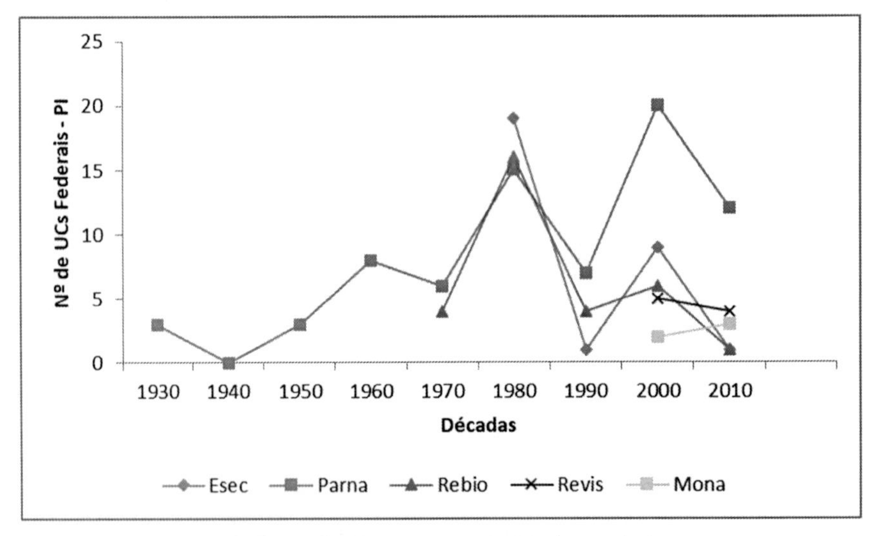

Fonte: Instituto Chico Mendes de Conservação da Biodiversidade

Os dados reunidos no Gráfico 3, a seguir, permitem acompanhar o processo de criação das UCs federais de uso sustentável (exceto as RPPNs). Essas UCs tiveram como precursoras as florestas protetoras e as FLONAs, criadas a partir de 1934 e 1946, respectivamente. Atualmente, os dois tipos

[67] Ver o histórico da criação dessa REBIO, destacando o trabalho do primatólogo brasileiro Adelmar Coimbra Filho (1924-2016), em: GONÇALVES, Alyne dos Santos; FRANCO, José Luiz de Andrade. Adelmar Coimbra-Filho: primatologia, áreas protegidas e conservação da natureza no Brasil. *História*, v. 41, p. 1-26, 2022.

de florestas foram fundidos na categoria FLONA. Só em 1984 começaram a ser criadas as primeiras APAs e ARIEs. Em 1990, as RESEXs foram instituídas legalmente, e desde então foram criadas várias dezenas delas.

Até 2020, o SNUC contava com **185 UCs federais de uso sustentável**, excluindo as RPPNs: 67 FLONAs, 37 APAs, 13 ARIEs, 66 RESEXs e 2 RDSs. Até 2020, não tinham sido criadas reservas de fauna (REFAUs) no âmbito federal. Se contabilizarmos as 670 RPPNs federais existentes em 2020, chegamos a um total de **855 unidades federais de uso sustentável**.

Gráfico 3 – Brasil – Números de unidades de conservação de uso sustentável federais criadas, por década (1930-2020) (*)

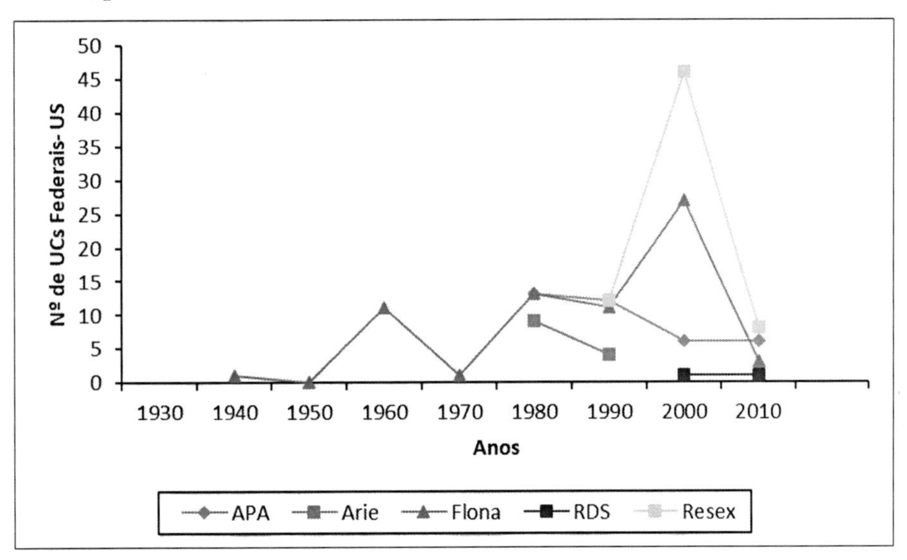

(*) Excluídos dados referentes às RPPNs.
Fonte: Instituto Chico Mendes de Conservação da Biodiversidade

O Gráfico 4, a seguir, traz os números de UCs federais de proteção integral e de uso sustentável criadas por década e os seus números acumulados. As 12 categorias de manejo, distribuídas pelos dois grupos, dão ao SNUC uma flexibilidade que permite equacionar os complexos problemas relacionados às tensões entre a conservação da biodiversidade e ao acesso e uso dos recursos naturais. O uso adequado das diversas categorias viabiliza, em muitos casos, a aliança da proteção ambiental com condições favoráveis ao lazer, à pesquisa e à educação ambiental, bem como a atividades produtivas, particularmente o extrativismo.

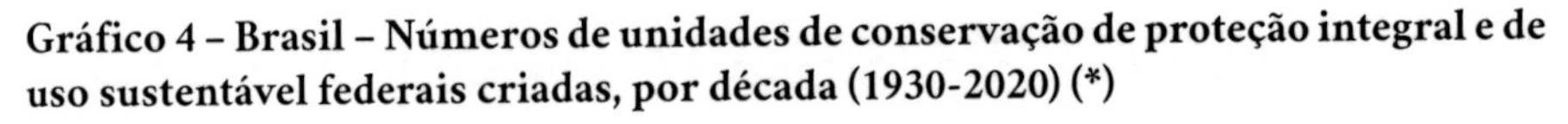

Gráfico 4 - Brasil - Números de unidades de conservação de proteção integral e de uso sustentável federais criadas, por década (1930-2020) (*)

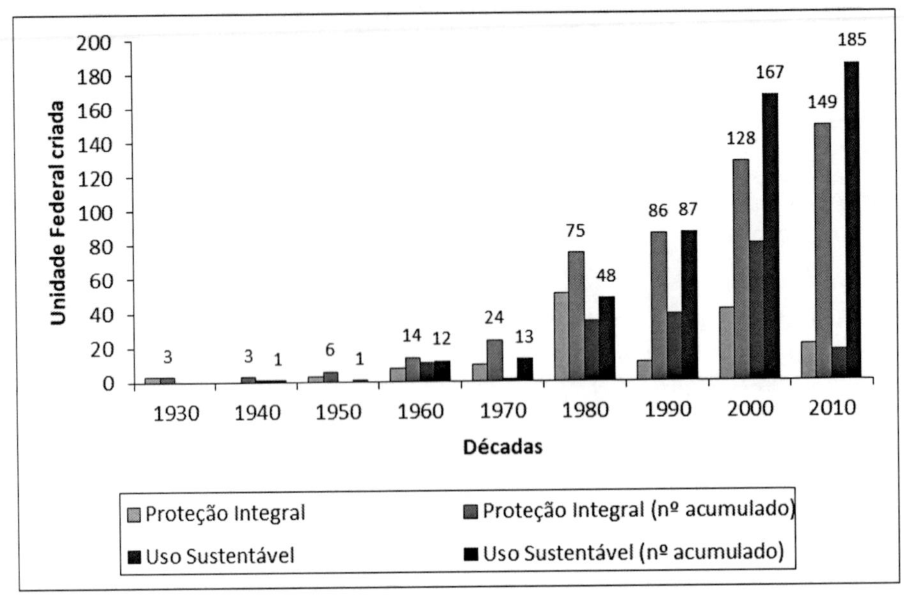

(*) Excluídos dados referentes às RPPNs.
Fonte: Instituto Chico Mendes de Conservação da Biodiversidade

Os dados do Gráfico 4 mostram que, na década de 1990, o número total de UCs de proteção integral, depois de décadas de predomínio, estava praticamente empatado com o número total de UCs de uso sustentável (86 e 87, respectivamente). Nas duas décadas seguintes, o número de UCs de uso sustentável superou decididamente o de UCs de proteção integral. Isso foi resultado da adoção mais recente de um viés do SNUC e dos gestores envolvidos a favor de áreas protegidas de cunho mais socioambiental do que de proteção estrita da natureza e da biodiversidade. Os dados de 2010-2020 mostram que o número das UCs de uso sustentável chegou a 185 (55,38%), contra 149 (44,62%) de unidades de proteção integral.

Vejamos agora a questão das áreas das UCs federais. A Tabela 2, a seguir, reúne dados que ilustram a distribuição (em termos absolutos e percentuais) das áreas das 149 UCs de proteção integral e das 185 UCs de uso sustentável, excluídas as RPPNs.

Tabela 2 – Brasil – Distribuição das áreas das unidades de conservação federais, por grupo – situação em 2020 (ha) (*)

grupo de UCs / números de unidades	áreas (absoluto)	% sobre a área total protegida
proteção integral / 149	50.760.554	29,61
uso sustentável / 185 (*)	120.663.638	70,39
totais	171.424.192	100

(*) Excluídos dados referentes às RPPNs.
Fonte: Instituto Chico Mendes de Conservação da Biodiversidade

As UCs federais cobrem uma área de mais de 171 milhões de hectares. Isso equivale a 20,13% do território brasileiro. Cerca de 51 milhões estão sob proteção integral, e cerca de 120 milhões, sob uso sustentável.[68] O desequilíbrio entre os dois grupos de UCs aparece ainda mais fortemente nessas suas participações percentuais no total da área das UCs federais. Há forte predomínio (70,39%) do grupo de uso sustentável. Isso se deve, principalmente, (i) aos grandes números de FLONAs e RESEXs e (ii) à extensão média relativamente grande das APAs (ver dados a esse respeito na Tabela 3). Pelo lado das UCs de proteção integral, os PARNAs são os que mais contribuem para a área total integralmente protegida. Os MNs, apesar do seu número reduzido, dão a segunda maior contribuição para o total de área das UCs de proteção integral.

Tabela 3 – Brasil – Distribuição das áreas das unidades de conservação federais, por grupo e categoria – situação em 2020 (ha) (*)

categorias	áreas	% sobre a área total de UCs federais
	grupo de proteção integral	
PARNA	26.864.004	15,67
MONA	11.540.276	6,73
ESEC	7.209.341	4,20
REBIO	4.267.866	2,49
RVS	879.067	0,51
subtotais	50.760.555	29,61

[68] Para simplificar a exposição dos dados e as nossas análises, não contabilizamos aqui e em outras itens as sobreposições existentes entre UCs de uso sustentável e de proteção integral. Algumas UCs de uso sustentável, sobretudo as APAs, às vezes, englobam UCs de proteção integral. Como não descontamos as sobreposições, os totais de cada grupo são inexatos, para mais.

categorias	áreas	% sobre a área total de UCs federais
	grupo de uso sustentável	
APA	89.766.818	52,36
FLONA	17.827.439	10,40
RESEX	12.932.673	7,54
RDS	102.619	0,06
ARIE	34.088	0,02
REFAU	0,00	0,00
subtotais	120.663.637	70.39
totais	**171.424.192**	**100,00**

(*) Excluídos dados referentes às RPPNs.
Fonte: Ministério do Meio Ambiente / Cadastro Nacional das Unidades de Conservação

Os dados das Tabelas 4 e 5 revelam os totais de áreas protegidas criadas década a década, dentro de cada categoria de UCs.

Tabela 4 – Brasil – Áreas das unidades de conservação federais de proteção integral criadas, por categoria, por década, 1930-2020 (ha)

décadas	ESEC	PARNA	REBIO	RVS	MN	totais
1930-1940	-----	217.804	-----	-----	-----	217.804
1940-1950	-----	-----	-----	-----	-----	0
1950-1960	-----	574.942	-----	-----	-----	574.942
1960-1970	-----	529.668	-----	-----	-----	529.668
1970-1980	-----	4.432.819	794.863	-----	-----	5.227.682
1980-1990	2.223.787	5.238.513	1.691.896	-----	-----	9.154.196
1990-2000	8.660	1.605.186	967.645	-----	-----	2.581.491
2000-2010	4.311.219	12.809.585	420.147	168.948	44.181	17.754.080
2010-2020	665.674	1.455.489	393.317	710.119	11.496.096	14.720.695

Fonte: Instituto Chico Mendes de Conservação da Biodiversidade

Tabela 5 – Brasil – Áreas das unidades de conservação federais de uso sustentável criadas, por categoria, por década, 1930-2020 (ha) (*)

décadas	APA	ARIE	FLONA	RDS	RESEX	totais
1930-1940	-----	-----	-----	-----	-----	0
1940-1950	-----	-----	38.920	-----	-----	38.920
1950-1960	-----	-----	-----	-----	-----	0
1960-1970	-----	-----	337.026	-----	-----	337.026
1970-1980	-----	-----	530.621	-----	-----	530.621
1980-1990	1.784.224	25.148	5.201.807	-----	-----	7.011.179
1990-2000	5.228.550	8.941	2.365.096	-----	3.338.194	10.940.781
2000-2010	3.054.682	-----	8.064.587	64.442	9.108.857	20.292.568
2010-2020	79.699.362	-----	1.289.383	38.177	485.621	80.352.098

(*) Excluídos dados referentes às RPPNs.
Fonte: Instituto Chico Mendes de Conservação da Biodiversidade

Os dados das duas tabelas anteriores mostram de novo a reversão, a partir da década de 1980, da tendência de proteger mais área em UCs de proteção integral, pois, desde então, predominou a área colocada sob UCs de uso sustentável. Essa inversão de tendência levou à atual situação de desequilíbrio, com forte predominância, em área, das UCs de uso sustentável (ver Tabela 2). Outro fato notável revelado pelos dados dessas duas tabelas é a constância da criação de PARNAs e FLONAs, as categorias mais antigas e cujas áreas têm crescido continuamente.

Os dados do Gráfico 5 registram a distribuição percentual atual das áreas de todas as UCs federais, por categoria, excetuadas as RPPNs. A categoria que detém a maior percentagem (52,37%) da área protegida é a das APAs, mas lembremos de novo que as APAs muitas vezes englobam outras UCs, e, por isso, as suas áreas ficam aumentadas. Em seguida vem, muito de longe, a categoria PARNAs, com 15,67%. As duas correspondem conjuntamente a mais de dois terços (68,04%) da área total protegida por UCs federais. As RESEXs, as FLONAs e os MNs formam um segundo escalão em termos de área (juntos somam 24,67% da área total, e as suas percentagens são próximas entre si). As ESECs e as REBIOs formam um terceiro escalão – correspondem conjuntamente a 6,7% da área total protegida por UCs federais. Os percentuais das RDSs, RVSs e ARIEs são ínfimos.

Gráfico 5 – Brasil – Unidades de conservação federais brasileiras – contribuições percentuais para a área total protegida até 2020, por categoria (*)

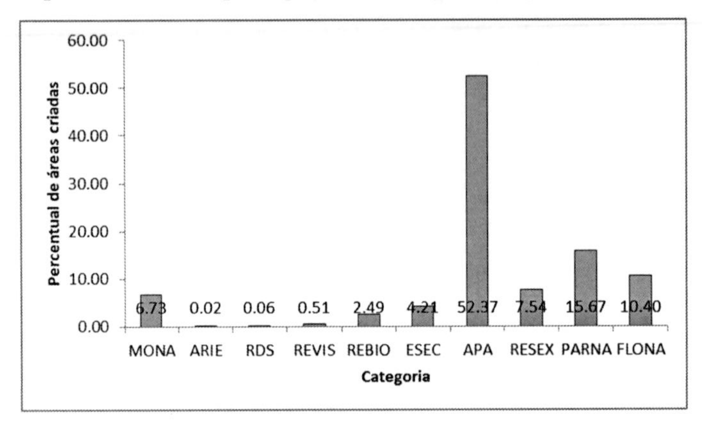

(*) Excluídos dados referentes às RPPNs.
Fonte: Instituto Chico Mendes de Conservação da Biodiversidade

Os dados do Gráfico 6 e das Tabelas 6 e 7 permitem cruzar informações relacionadas aos números e às áreas das UCs, por categoria.

Gráfico 6 – Brasil – Unidades de conservação federais brasileiras – números de unidades existentes até 2020, por categoria (*)

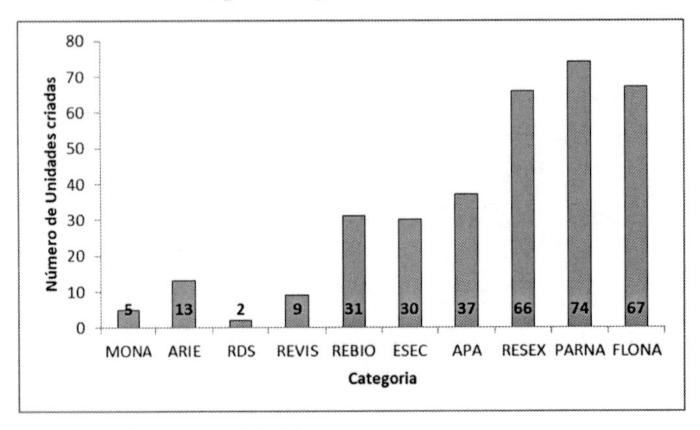

(*) Excluídos dados referentes às RPPNs.
Fonte: Instituto Chico Mendes de Conservação da Biodiversidade

APAs, PARNAs, FLONAs e RESEXs são as categorias que combinam as maiores áreas com os maiores números de unidades. Já ARIEs, RVSs e RDSs têm pouca representatividade numérica no sistema. As ARIEs têm a particularidade de representar, em termos de área protegida, apenas 0,02%, apesar de somarem 13 (3,89%) unidades. As ARIEs têm tamanho médio de 2.622,15 hectares; a menor tem 65 hectares, e a maior, 13.177 hectares.

Tabela 5 – Brasil – Números absolutos e percentuais de unidades de conservação federais, por categoria, em ordem crescente – situação em 2020 (*)

categorias	números de UCs (absolutos)	% do número total de UCs
REFAU	0	0
RDS	2	0,6
MN	5	1,5
RVS	9	2,69
ARIE	13	3,89
ESEC	30	8,98
REBIO	31	9,28
APA	37	11,08
RESEX	66	19,76
FLONA	67	20,05
PARNA	74	22,15
totais	**334**	**100,0**

(*) Excluídos dados referentes às RPPNs.
Fonte: Instituto Chico Mendes de Conservação da Biodiversidade

Tabela 6 – Brasil – Números e áreas (mínimas, máximas e médias) das unidades de conservação federais, por categoria – situação em 2020 (ha) (*)

categorias	n.º de UCs	áreas (ha)			
		totais	mínimas	máximas	médias
MN	5	11.540.276	106	6.769.672	2.308.055,20
RDS	2	102.619	38.177	64.442	51.309,50
RVS	9	879.067	142	609.866	97.674,11
ARIE	13	34.088	65	13.177	2.622,15
REBIO	31	4.267.866	563	938.732	137.673,09
APA	37	89.766.818	4.437	40.385.420	2.426.130,21
ESEC	30	7.209.341	277	3.373.175	240.269,10
RESEX	66	12.932.673	601,45	1.289.000,00	204.311,36

categorias	n.º de UCs	áreas (ha)			
		totais	mínimas	máximas	médias
PARNA	74	26.864.004	1.360	3.865.172	363.027,08
FLONA	67	17.827.439	89	1.944.230	266.081,17
total	334	171.424.192	-----	-----	-----

(*) Excluídos dados referentes às RPPNs.
Fonte: Instituto Chico Mendes de Conservação da Biodiversidade

As APAs apresentam as maiores áreas médias, infladas em algum grau pelas mencionadas superposições. Mas, apesar da ênfase recente na criação de UCs de uso sustentável, são os MNs que exibem a segunda maior área média dentre todas as categorias do SNUC, mesmo com um número reduzido de unidades. Em seguida vêm, em ordem decrescente de áreas médias, PARNAs, FLONAs, ESECs e RESEXs. O tamanho médio das REBIOs vem em seguida, em sétimo lugar, superando RDSs, RVSs e ARIEs. Constatamos, portanto, que, em termos de tamanho médio, as UCs de proteção integral e as de uso sustentável disputam o topo do *ranking* no sistema. Nessa dimensão de análise, portanto, há um equilíbrio entre os objetivos de proteção integral e os de uso sustentável das UCs federais.

Os dados dos Gráficos 7 e 8 informam a quantidade e a área de todas as UCs criadas a cada década, bem como a área acumulada até 2020.

Gráfico 7 – Brasil – Unidades de conservação federais brasileiras – números e áreas de UCs criadas, por década, até 2020 (ha) (*)

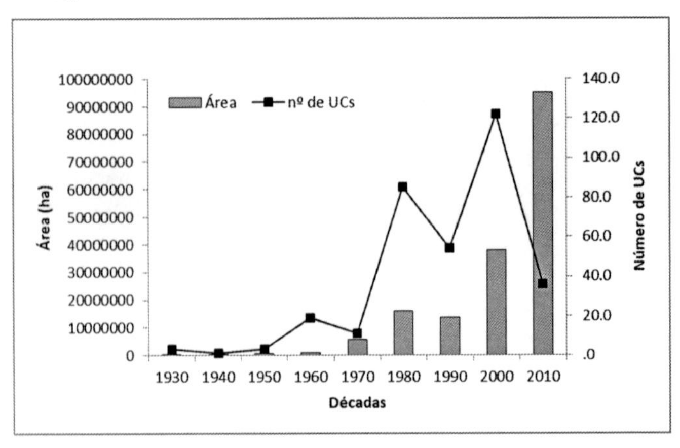

(*) Excluídos dados referentes às RPPNs.
Fonte: Instituto Chico Mendes de Conservação da Biodiversidade

Gráfico 8 – Brasil – Unidades de conservação federais brasileiras – quantidade de área criada, por década e acumulada, até 2020 (ha) (*)

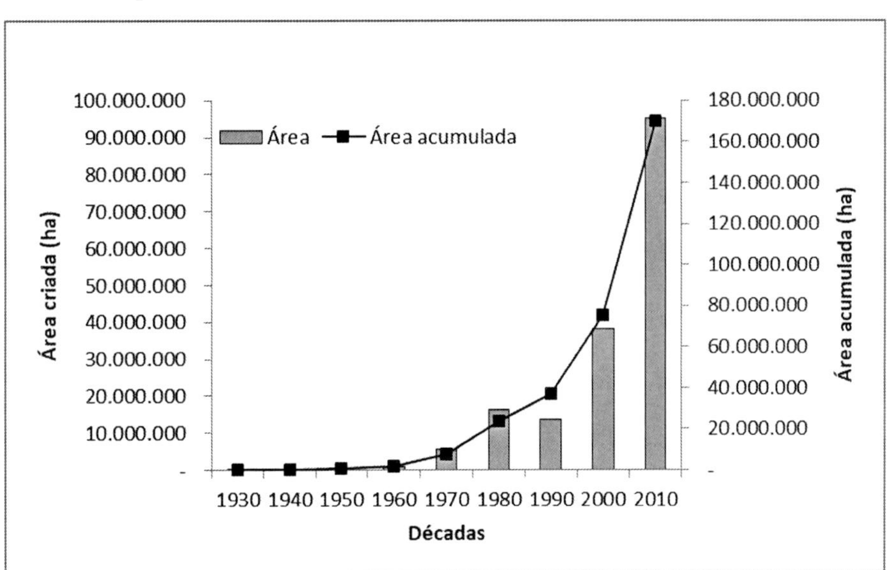

(*) Excluídos dados referentes às RPPNs.
Fonte: Instituto Chico Mendes de Conservação da Biodiversidade

Fica claro de novo que a quantidade de área protegida por UCs cresceu consideravelmente, sobretudo a partir dos anos 1980. A despeito disso, existem lacunas em termos da distribuição geográfica e das categorias de UCs. Essas lacunas só poderão ser preenchidas com a criação de novas UCs. Trata-se, portanto, de um aspecto relevante para a efetivação do SNUC, pois uma leva de novas UCs possibilitaria que as diversas categorias de UCs fossem bem gerenciadas e articuladas entre si, funcionando de maneira integrada e complementar. Da mesma forma, esse esforço de criação de novas UCs é necessário para garantir que todas as regiões, os biomas, as ecorregiões e os ecossistemas do território brasileiro estejam devidamente representados no SNUC. Esse é o assunto do próximo item.

Distribuição das unidades de conservação federais por regiões e estados

Outra dimensão relevante para avaliar a situação das UCs federais brasileiras é a da sua **distribuição regional**. O histórico de criação das nossas UCs revela que elas seguiram uma trajetória que, de um modo geral, partiu da zona costeira para o interior, em termos da geografia física, e das regiões urbanas-metropolitanas para as áreas rurais e de fronteira, em termos de geografia humana e econômica. Isso significa dizer que as primeiras UCs federais foram, via de regra, criadas em áreas próximas a grandes centros urbanos, ou seja, as capitais estaduais. Desde os anos 1940, com efeito, a distribuição populacional dos brasileiros tendeu a se mover na direção das grandes cidades, principalmente as 16 capitais estaduais e os respectivos entornos situados na borda litorânea ou nas proximidades dela (o que inclui São Paulo, Curitiba e Porto Alegre).

Se considerarmos apenas os PARNAs, dos 14 criados entre 1937 e 1961 (excluindo os extintos Sete Quedas e Paulo Afonso), três (Tijuca, Serra dos Órgãos e Monte Pascoal) foram litorâneos, e cinco (Itatiaia, Ubajara, Caparaó, Aparados da Serra e São Joaquim) se localizaram nas imediações de áreas urbanas populosas ou áreas rurais densamente ocupadas. Foz do Iguaçu, em contraste, foi uma opção interiorana, fronteiriça mesmo, devido à sua grande distância de grandes centros urbanos e às dificuldades de acesso. Sete Cidades foi outra opção interiorana. Outros três PARNAs (Araguaia, Emas e Chapada dos Veadeiros) também foram opções interioranas. Contudo, há documentos que indicam que os sítios desses três parques foram escolhidos por serem relativamente próximos da futura área de influência da nova capital federal (Brasília). Por isso, essas três UCs não expressaram uma política genuína de interiorização dos PARNAs, e sim a decisão de criar alguns poucos parques "a reboque" de outra decisão federal, bem distinta – a de interiorizar a capital do País. O PARNA de Brasília é um exemplo ainda mais explícito dessa decisão – ele se situa dentro do novo Distrito Federal, praticamente dentro da malha urbana de Brasília. Dos três novos PARNAs criados no início da década de 1970, um deles foi litorâneo (Serra da Bocaina), mas os outros dois foram francamente interioranos (Serra da Canastra e Tapajós – hoje Amazônia).

Foi só a partir de 1979, com a aprovação de um documento interno de planejamento gerado no IBDF, a primeira etapa do **Plano do Sistema de Unidades de Conservação do Brasil** (PSUC), que a interiorização se tornou um princípio orientador da política de criação de UCs federais. Isso decorreu da adoção de três novos critérios de localização de UCs: (i) proteger áreas com ecossistemas e fisionomias pouco alterados; (ii) contemplar a representatividade ecossistêmica do rico panorama natural do país; e (iii) levar em conta a raridade de certas paisagens naturais.

Isso foi expresso claramente na execução da primeira e segunda etapas do PSUC (a segunda etapa foi publicada em 1982).[69] Os dois documentos resultaram de vários anos de trabalho intenso de técnicos do IBDF e de uma equipe de consultores externos. Eles definiram e fizeram o IBDF adotar os três critérios antes mencionadas para (i) criar UCs de forma a "chegar na frente" dos processos de ocupação do território para garantir a preservação de espécies, ecossistemas e paisagens e (ii) criar UCs que formassem um sistema que refletisse toda a variedade da natureza brasileira.

Dessa forma, os planos de 1979 e 1982 inverteram a lógica até então predominante na criação das UCs federais. Elas passaram a ser localizadas em áreas relativamente remotas (embora não desabitadas), a ter áreas muito maiores e a proteger trechos dos diferentes biomas e ecossistemas brasileiros. Embora isso tenha se tornado um lugar comum no Brasil e em alguns outros países em anos mais recentes, na década de 1970, foi uma estratégia inovadora dentro do contexto das UCs no Brasil e mesmo no mundo.

O resultado mais importante desses planos e de sua aplicação é que atualmente a maior parcela das UCs federais (quase 38%) e a maior parte da área por elas protegida (cerca de 80%) se encontram na Região Norte, priorizada explicitamente nos dois planos. Essa prioridade, por sua vez, resultou da preocupação crescente com a proteção e a conservação da biodiversidade existente na Amazônia, a última grande área de fronteira do território nacional, principalmente as suas florestas tropicais úmidas e formações conexas.

Os dados sobre a distribuição atual das UCs federais pelas regiões oficialmente definidas do território brasileiro constam nas Tabelas 8, 9 e 10, a seguir.

---

[69] Os dois documentos são: INSTITUTO BRASILEIRO DE DESENVOLVIMENTO FLORESTAL E FUNDAÇÃO BRASILEIRA PARA A CONSERVAÇÃO DA NATUREZA. *Plano do Sistema de Unidades de Conservação no Brasil.* Brasília e Rio de Janeiro: Instituto Brasileiro de Desenvolvimento Florestal e Fundação Brasileira para a Conservação da Natureza, 1979; INSTITUTO BRASILEIRO DE DESENVOLVIMENTO FLORESTAL E FUNDAÇÃO BRASILEIRA PARA A CONSERVAÇÃO DA NATUREZA. *Plano do sistema de unidades de conservação no Brasil – II Etapa.* Brasília e Rio de Janeiro: Instituto Brasileiro de Desenvolvimento Florestal e Fundação Brasileira para a Conservação da Natureza, 1982. Drummond analisa as etapas, os critérios, os autores e as fontes dos dois planos. DRUMMOND, 2016.

Tabela 8 – Brasil – Distribuição dos números de unidades de conservação federais, por região – situação em 2020 (*) (**)

regiões	números de UCs	% das UCs
N	124	37,12
NE	84	25,14
CO	19	5,69
SE	61	18,26
S	37	11,07
CO e N	2	0,6
CO e NE	1	0,3
CO, SE e S	1	0,3
NE e SE	1	0,3
S e CO	1	0,3
NE e N	1	0,3
S e SE	2	0,6
totais	334	100,00

(*) Excluídos dados referentes às RPPNs.
(**) 9 unidades abrangem territórios de mais de um estado.
Fonte: Instituto Chico Mendes de Conservação da Biodiversidade

Os dados da Tabela 8 atestam a concentração das UCs federais na Região Norte; o Nordeste ocupa um segundo lugar não muito distante, seguido por Sudeste e Sul. A notória pobreza do número de UCs no Centro-Oeste aparece claramente. Por motivos diversos, algumas poucas unidades protegem porções de territórios pertencentes a mais de uma região.

Tabela 9 – Brasil – Distribuição dos números de unidades de conservação federais de proteção integral por região – situação em 2020 (*)

regiões	ESEC	PARNA	REBIO	RVS	MN	números de UCs
N	10	20	9	-----	-----	39
NE	6	21	8	5	3	43
CO	2	6	1	-----	-----	9
SE	6	11	9	2	2	30
S	5	11	4	2	-----	22

regiões	ESEC	PARNA	REBIO	RVS	MN	números de UCs
N e CO	-----	2	-----	-----	-----	2
NE e SE	-----	1	-----	-----	-----	1
S e CO	-----	1	-----	-----	-----	1
S e SE	-----	1	-----	-----	-----	1
NE e N	1	-----	-----	-----	-----	1
totais	31	74	31	8	5	149

(*) 6 unidades abrangem territórios de mais de um estado.
Fonte: Instituto Chico Mendes de Conservação da Biodiversidade

Os dados da Tabela 9 detalham a distribuição regional dos números de UCs de proteção integral. O *ranking* da Tabela 8 se repete parcialmente nesses dados da Tabela 9. O Nordeste aparece na frente, seguido de perto pelo Norte; Sudeste e Sul vêm a seguir com números razoavelmente altos, mas de novo o Centro-Oeste fica em último lugar, pouco à frente das seis unidades que afetam mais de uma região.

Tabela 10 – Brasil – Distribuição dos números de unidades de conservação federais de uso sustentável por região – situação em 2020 (*) (**)

regiões	APA	ARIE	FLONA	RDS	RESEX	números de UCs
CO	4	1	3	-	2	10
CO e NE	1	-----	-----	-----	-----	1
CO, SE e S	1	-----	-----	-----	-----	1
N	3	3	34	1	44	85
NE	13	1	10	-----	17	41
S	3	1	9	-----	1	14
S e SE	1	-----	1	-----	-----	2
SE	11	7	10	1	2	31
totais	37	13	67	2	66	185

(*) Excluídos dados referentes às RPPNs.
(**) 4 unidades abrangem territórios de mais de um estado.
Fonte: Instituto Chico Mendes de Conservação da Biodiversidade

No que toca à distribuição regional das UCs de uso sustentável, os dados da Tabela 10 revelam que as FLONAs e as RESEXs garantem o primeiro lugar ao Norte, que supera por larga margem o Nordeste, o Sudeste, o Sul e o Centro-Oeste, nessa ordem.

Os dados das três tabelas anteriores confirmam a liderança geral da Região Norte no que toca à localização das UCs federais, mas o Nordeste é mais bem-aquinhoado do que geralmente se pensa. O verdadeiro "órfão" no tocante à presença de UCs federais é a Região Centro-Oeste.

Os dados das Tabelas 11 e 12, a seguir, oferecem uma sintonia mais fina sobre a questão da distribuição geográfica das UCs federais brasileiras. Elas informam as áreas das diversas categorias de UCs existentes em cada estado e no Distrito Federal e, em alguns casos, em áreas fronteiriças de dois ou mais estados.

Tabela 11 – Brasil – Distribuição das áreas das unidades de conservação federais de proteção integral, por categoria, por unidade(s) da federação e por seus limites com estados vizinhos – situação em 2020 (em ordem alfabética das siglas dos Estados) (ha)

estados	ESEC	PARNA	REBIO	RVS	MN	áreas totais
AC	79.395	837.560	-----	-----	-----	916.955
AL	6.132	-----	-----	-----	-----	6.132
AL e PE	-----	-----	4.382	-----	-----	4.382
AM	1.786.720	4.312.046	1.521.737	-----	-----	7.620.503
AM e MT	-----	1.958.014	-----	-----	-----	1.958.014
AM e PA	-----	1.066.208	-----	-----	-----	1.066.208
AM e RR	-----	2.727.301	-----	-----	-----	2.727.301
AP	58.757	4.522.500	392.475	-----	-----	4.973.732
AP e PA	231.082	-----	-----	-----	-----	231.082
BA	104.844	693.511	18.725	777.102	6.769.672	8.363.854
BA e MG	-----	230.856	-----	-----	-----	230.856
BA e TO	707.088	-----	-----	-----	-----	707.088
BA, MA e PI	-----	749.774	-----	-----	-----	749.774
BA, SE e AL	-----	-----	-----	-----	26.737	26.737
CE	24.322	15.133	-----	-----	-----	39.455
DF	-----	-----	3.412	-----	-----	3.412
DF e GO	-----	42.356	-----	-----	-----	42.356

estados	ESEC	PARNA	REBIO	RVS	MN	áreas totais
ES	-----	-----	36.086	17.750	17.444	71.280
ES e MG	-----	31.763	-----	-----	-----	31.763
GO	-----	240.587	-----	-----	-----	240.587
GO e MS	-----	132.788	-----	-----	-----	132.788
MA	-----	316.562	271.201	-----	-----	587.763
MG	1.385	441.488	50.892	-----	-----	493.765
MG e RJ	-----	28.086	-----	-----	-----	28.086
MS	-----	76.974	-----	-----	-----	76.974
MS e MT	-----	135.923	-----	-----	-----	135.923
MT	38.715	32.647	-----	-----	-----	71.362
PA	3.373.175	1.925.551	849.228	-----	-----	6.147.954
PB	-----	-----	4.052	-----	4.726.318	4.730.370
PE	-----	73.228	1.188	-----	-----	74.416
PI	135.122	930.923	-----	-----	-----	1.066.045
PR	4.370	265.995	57.825	-----	-----	328.190
PR e MS	-----	76.138	-----	-----	-----	76.138
PR e SC	6.573	-----	-----	16.594	-----	23.167
PR e SP	-----	33.861	-----	-----	-----	33.861
RJ	10.596	38.899	37.623	-----	106	87.224
RJ e SP	-----	106.566	-----	-----	-----	106.566
RN	1.124	8.518	35.187	-----	-----	44.829
RO	-----	992.173	962.640	-----	-----	1.954.813
RO e AM	185.314	1.776.929	-----	-----	-----	1.962.243
RO, MT e AM	-----	961.327	-----	-----	-----	961.327
RR	409.915	331.700	-----	-----	-----	741.615
RS	33.083	36.722	-----	142	-----	69.947
RS e SC	-----	30.450	-----	-----	-----	30.450
SC	759	119.400	17.105	-----	-----	137.264
SE	-----	8.025	4.110	-----	-----	12.135
SP	10.873	-----	-----	67.479	-----	78.352
TO	-----	555.524	-----	-----	-----	555.524
totais	7.209.344	26.864.006	4.267.868	879.067	11.540.277	50.760.562

Fontes: Instituto Chico Mendes de Conservação da Biodiversidade; Ministério do Meio Ambiente – Cadastro Nacional de Unidades de Conservação

Tabela 12 – Brasil – Distribuição das áreas das unidades de conservação federais de uso sustentável, por categoria, por unidade(s) da federação e por seus limites com estados vizinhos – situação em 2020 (em ordem alfabética das siglas dos Estados) (ha) (*)

estados	APA	ARIE	FLONA	RDS	RESEX	áreas totais
AC	-----	2.574	429.052	-----	2.378.613	2.810.239
AC e AM	-----	-----	-----	-----	324.906	324.906
AL	9.107	-----	-----	-----	10.197	19.304
AL e PE	406.086	-----	-----	-----	-----	406.086
AM	152.410	16.357	7.362.175	-----	3.555.743	11.086.685
AM e PA	-----	-----	682.561	-----	-----	682.561
AM e RR	-----	-----	2.113.859	-----	-----	2.113.859
AP	-----	-----	460.359	-----	532.405	992.764
BA	40.981.756	-----	24.057	-----	301.346	41.307.159
CE	29.362	-----	39.581	-----	30.406	99.349
CE, MA e PI	309.594	-----	-----	-----	-----	309.594
CE, PE e PI	972.605	-----	-----	-----	-----	972.605
DF	82.681	2.057	9.336	-----	-----	94.074
DF e GO	503.423	-----	-----	-----	-----	503.423
ES	115.002	-----	4.692	-----	-----	119.694
GO	-----	-----	2.497	-----	29.527	32.024
GO e BA	176.324	-----	-----	-----	-----	176.324
MA	-----	-----	-----	-----	645.629	645.629
MA e PI	41.780	-----	-----	-----	27.022	68.802
MG	312.863	-----	627	38.177	-----	351.667
MG, RJ e SP	730.125	-----	-----	-----	-----	730.125
MS, SP e PR	1.005.188	-----	-----	-----	-----	1.005.188
MT e GO	359.194	-----	-----	-----	-----	359.194
PA	2.063.616	-----	5.866.391	64.442	4.462.082	12.456.531
PB	38.465.112	5.770	115	-----	-----	38.470.997
PB e PE	-----	-----	-----	-----	6.677	6.677
PE	154.406	-----	3.005	-----	-----	157.411
PI	-----	-----	168	-----	-----	168
PR	-----	-----	4.445	-----	-----	4.445

estados	APA	ARIE	FLONA	RDS	RESEX	áreas totais
PR e SP	282.446	-----	-----	-----	-----	282.446
RJ	232.490	125	496	-----	51.677	284.788
RJ e SP	32.611	-----	-----	-----	-----	32.611
RN	-----	-----	394	-----	-----	394
RO	-----	-----	543.452	-----	461.834	1.005.286
RO e AM	-----	-----	-----	-----	580.625	580.625
RR	-----	-----	259.403	-----	-----	259.403
RS	316.792	-----	3.514	-----	-----	320.306
SC	159.304	5.017	7.215	-----	1.687	173.223
SE	-----	-----	144	-----	-----	144
SP	202.310	2.189	9.903	-----	1.178	215.580
TO	-----	-----	-----	-----	9.071	9.071
totais	88.096.587	34.089	17.827.441	102.619	13.410.625	119.471.361

(*) Excluídos dados referentes às RPPNs.
Fonte: Instituto Chico Mendes de Conservação da Biodiversidade; Ministério do Meio Ambiente – Cadastro Nacional de Unidades de Conservação

No grupo de proteção integral (Tabela 11), por exemplo, vemos que os PARNAs são a categoria mais disseminada pelo território nacional, incidindo sobre 38 territórios estaduais e/ou divisas interestaduais; as ESECs e as REBIOs incidem, respectivamente, sobre apenas 21 e 16. Confirmando o que vimos antes sobre a distribuição regional das UCs federais, os estados da Região Norte (Amazonas, Amapá, Pará, Roraima, Rondônia, Acre e Tocantins) se destacam pelas altas cifras de hectares colocadas sob UCs federais de proteção integral. Fora da Região Norte, os estados em que as UCs de proteção integral mais incidem em termos de área são Piauí, Bahia, Paraíba, Maranhão e Minas Gerais. A Bahia é o estado com mais UCs de proteção integral "transfronteiriças", ou seja, situadas nas divisas com seis outros estados – Maranhão, Piauí, Tocantins, Alagoas, Sergipe e Minas Gerais. Alagoas, Rio Grande do Norte e Sergipe são os três estados brasileiros com as menores áreas sob UCs federais de proteção integral.

Quanto às UCs de uso sustentável (Tabela 12), os dados revelam que a categoria mais disseminada no território nacional em termos de área é a das APAs (presentes em 25 estados e/ou divisas interestaduais), seguida de perto pelas FLONAs (24) e RESEXs (18). As RESEXs, bastante disseminadas pela Região Norte, existem também em oito estados não-amazônicos – Alagoas, Bahia, Ceará, Goiás, Rio de Janeiro, Maranhão, Santa Catarina, São Paulo e na divisa entre os estados nordestinos Paraíba e Pernambuco, Maranhão e Piauí. A categoria menos disseminada é a de RDS, das quais existem apenas duas: uma no Pará e outra em Minas Gerais. Novamente, os estados da Região Norte se destacam pelas elevadas cifras de hectares sob UCs federais, desta feita de uso sustentável – Amazonas, Pará, Amapá, Acre, Roraima e Rondônia. Fora da Região Norte, as áreas das UCs de uso sustentável incidem mais fortemente sobre as interseções de Ceará-Maranhão-Piauí, Ceará-Piauí-Pernambuco, Mato Grosso do Sul-São Paulo-Paraná, Minas Gerais-Rio de Janeiro-São Paulo e Distrito Federal-Goiás. O estado de Goiás tem UCs de uso sustentável situadas nas divisas com dois estados – Bahia e Mato Grosso – e com o Distrito Federal; o Ceará vem logo a seguir, com UCs de uso sustentável situadas nas divisas com os estados do Maranhão, Piauí e Pernambuco; o Amazonas tem UCs de uso sustentável situadas nas divisas com os estados do Acre, Pará e Roraima. Goiás, Ceará e Amazonas são, portanto, os estados que têm mais área de UCs de uso sustentável situadas nas divisas com outros estados. Sergipe é o estado com menor área sob UCs federais de uso sustentável, seguido do Piauí, Rio Grande do Norte e de Pernambuco.

Distribuição das unidades de conservação federais pelos biomas brasileiros

Ainda no que diz respeito à geografia ou à distribuição espacial das UCs federais, vejamos agora a distribuição delas pelos biomas do território brasileiro. Isso permitirá uma análise mais refinada acerca da representatividade ecossistêmica do SNUC. Um dos avanços mais importantes do conceito de áreas protegidas e, em particular, de UCs foi a inclusão da **representatividade ecossistêmica** como critério para a sua localização. Como dito antes, em todo o mundo, as primeiras e ainda mais famosas iniciativas de preservação e conservação de áreas naturais privilegiaram paisagens raras ou excepcionais e/ou floras e faunas com forte apelo estético, que pudessem ser visitadas com relativa facilidade por grandes números de pessoas.

No entanto, a maturidade da ciência da ecologia, o aperfeiçoamento dos instrumentos de mapeamento em escalas nacional, continental e global e o acúmulo de conhecimentos sobre as diferentes paisagens naturais do planeta e sobre os processos ecológicos mudaram o foco original. Nesse movimento, **todas** as paisagens, formações vegetais e animais ganharam "cidadania" nos esforços conservacionistas, a partir da compreensão (i) de que todos os ecossistemas têm valor, mesmo aqueles aparentemente pobres ou sem apelo estético, e (ii) de que todos os seres têm papel igualmente importante como resultados e como registros da manutenção e da mudança dos processos vitais.

Para a comunidade internacional de instituições científicas, pesquisadores, técnicos e gestores governamentais dedicados às políticas de conservação, essa evolução conceitual levou à criação de novas áreas protegidas localizadas em formações, ecossistemas ou biomas antes desprezados. Desertos e manguezais são dois exemplos de tipos de áreas que, aos poucos, ganharam "cidadania" entre os conservacionistas e os apreciadores leigos da natureza.

No Brasil, desde fins da década de 1960, ao menos, cientistas como Alceo Magnanini (1925-2022) e parte do pessoal técnico do IBDF já se preocupavam com a ausência ou presença escassa de alguns trechos das variadas paisagens brasileiras no conjunto de UCs. A lista dessas paisagens pouco ou não representadas nas UCs brasileiras incluía os manguezais, a Caatinga, o Cerrado, o Pantanal, diversas paisagens amazônicas e as formações transicionais ou ecótonos. O citado **Plano do Sistema de Unidades de Conservação do Brasil** (nas suas duas etapas – 1979 e 1982) se baseou em extensos estudos motivados exatamente pelo objetivo de dotar o nosso sistema de UCs de uma variedade que espelhasse a diversidade dos biomas, ecossistemas e formações.

Esses dois documentos definiram a região amazônica como prioritária para a criação de novas UCs por causa da sua rica biodiversidade, mas também devido à escassez de UCs na região. Em 1979, havia, em toda a Amazônia brasileira, uma única UC federal: o PARNA da Amazônia, criado em 1974. Uma das novas UCs criadas na Amazônia em consonância com a maior sensibilidade em relação à biogeografia foi o PARNA Cabo Orange, em 1980. A sua finalidade é proteger parte dos extensos manguezais característicos do litoral norte do estado do Amapá. Ainda na Amazônia, o PARNA do Jaú, criado em 1980, também expressa um novo critério: ele foi desenhado de maneira a proteger a íntegra de uma bacia hidrográfica (do rio Jaú, afluente do rio Negro) das terras baixas amazônicas. Outro exemplo de proteção de parcela de um bioma até então não contemplado, fora da Amazônia, foi o PARNA Pantanal Mato-grossense, criado em 1981.

Nas negociações que prepararam o lançamento da CDB, em 1992, e nas políticas e ações que se seguiram a ela, a preocupação com a representatividade ecossistêmica de UCs já tinha virado um consenso. Esse consenso se traduziu em compromissos dos diversos países signatários para distribuir proporcionalmente a localização de novas de UCs pelos seus diferentes biomas. O Brasil assumiu o compromisso, inscrito PNAP (Decreto n.º 5.758, de 13 de abril de 2006), de colocar sob a proteção de UCs percentagens definidas de áreas em cada bioma.

Em suplemento à CDB, em 2010, foram acordados o Protocolo de Nagoya e o Plano Estratégico de Biodiversidade, válidos para o período de 2011 a 2020. O plano ficou conhecido pelas "20 Metas de Aichi", ratificado pelo Brasil apenas 10 anos depois, por meio do Decreto Legislativo n.º 136, de 12 de agosto de 2020. Embora trate de muitos assuntos relacionados à biodiversidade, como o uso e a repartição de seus benefícios, a Meta 11 de Aichi se refere especificamente às dimensões e à representatividade das áreas protegidas:

> Meta 11: Até 2020, pelo menos 17 por cento de áreas terrestres e de águas continentais e 10 por cento de áreas marinhas e costeiras, especialmente áreas de particular importância para a biodiversidade e os serviços ecossistêmicos, serão conservadas por meio de sistemas de áreas protegidas geridas de maneira efetiva e equitativa, ecologicamente representativas e satisfatoriamente interligadas e por outras medidas espacialmente definidas de conservação, e integradas nas paisagens terrestres e marinhas mais amplas.

Dadas essas metas e demandas em favor da maior representatividade ecossistêmica das áreas protegidas, esta seção focaliza diversas dimensões da localização das UCs federais nos biomas brasileiros, conforme definidos oficialmente pelo Instituto Brasileiro de Geografia e Estatística (IBGE). De acordo com o mapa do IBGE, intitulado **Biomas e Sistema Costeiro-Marinho do Brasil (1:250.000)**, o Brasil tem seis biomas continentais (**Amazônia, Cerrado, Caatinga, Mata Atlântica, Pantanal** e **Pampa**) e um **Sistema Costeiro Marinho** (Figura 1).[70] Os seus tamanhos variam muito, como se vê facilmente no mapa e no contraste numérico entre os extremos – o maior bioma, a Amazônia, abrange 49,29% do território nacional, e o menor, o Pantanal, apenas 1,76% (Tabela 13).

---

[70] Para fins de nossa exposição e análise, trataremos das UCs situadas no Sistema Costeiro-Marinho num item à parte.

Figura 1 – Biomas Continentais e Sistema Costeiro-Marinho do Brasil (1:250.000)

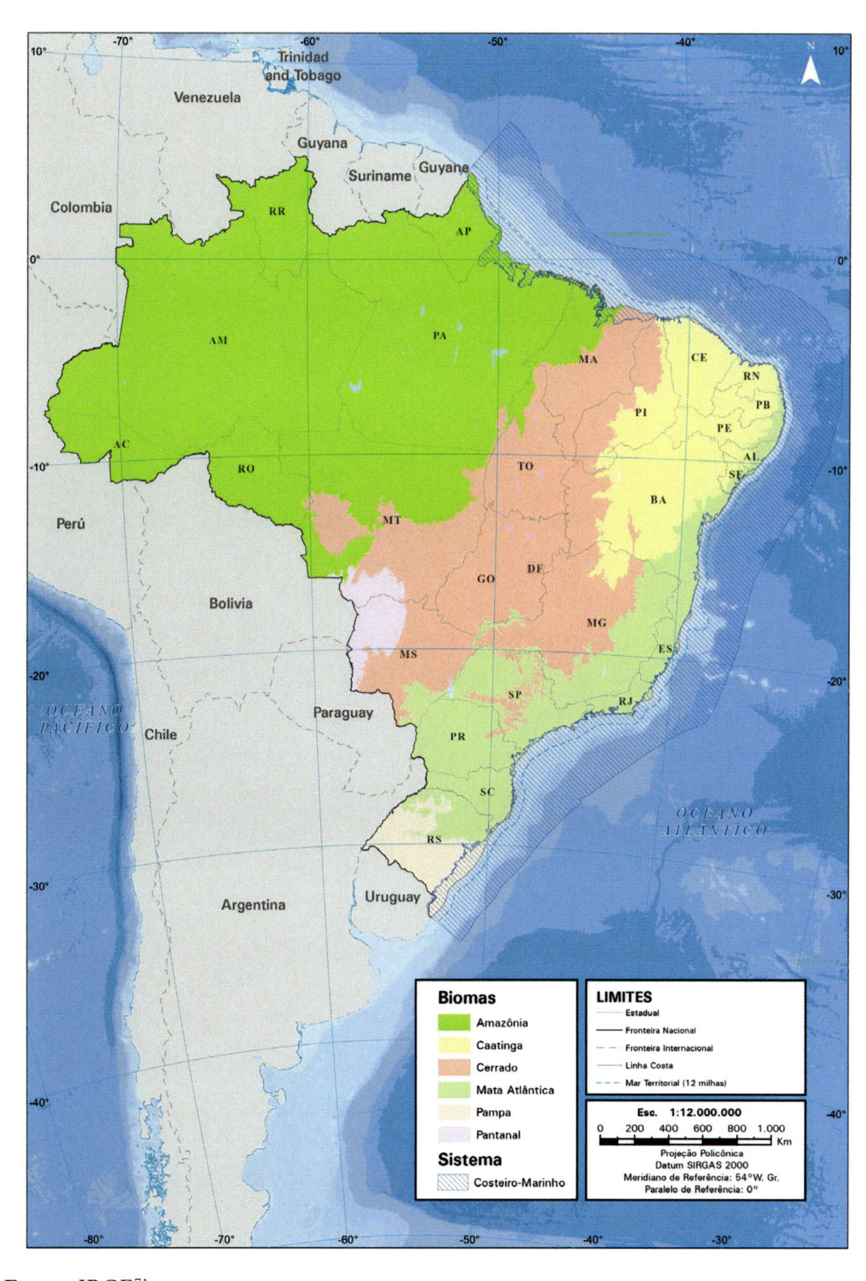

Fonte: IBGE[71]

[71] Disponível em: https://geoftp.ibge.gov.br/informacoes_ambientais/estudos_ambientais/biomas/mapas/biomas_e_sistema_costeiro_marinho_250mil.pdf. Acesso em: 26 mar. 2024.

Tabela 13 – Extensão absoluta e relativa dos biomas continentais brasileiros – situação em 2020

biomas continentais brasileiros	área aproximada (ha)	% da área do Brasil
Amazônia	419.694.943	49,29%
Cerrado	203.644.800	23,92%
Mata Atlântica	111.018.200	13,04%
Caatinga	84.445.300	9,92%
Pampa	17.649.600	2,07%
Pantanal	15.035.500	1,76%
área total do Brasil	851.487.770	100,00%

Fonte: Instituto Chico Mendes de Conservação da Biodiversidade; IBGE

Vejamos primeiro como os biomas continentais brasileiros afetam os territórios das unidades da federação.

O **Bioma Amazônia** ocupa a totalidade de cinco unidades da federação (Acre, Amapá, Amazonas, Pará e Roraima), grande parte de Rondônia (98,8%), mais da metade de Mato Grosso (54%), além de partes menores do Maranhão (34%) e Tocantins (9%).

O **Bioma Mata Atlântica** ocupa inteiramente três estados – Espírito Santo, Rio de Janeiro e Santa Catarina – e 98% do Paraná, além de porções menores de outras 11 unidades da federação – Rio Grande do Sul, São Paulo, Minas Gerais, Bahia, Sergipe, Alagoas, Pernambuco, Paraíba, Rio Grande do Norte, Mato Grosso do Sul e Goiás.

O **Bioma Cerrado** ocupa a totalidade do Distrito Federal, grandes partes dos estados de Goiás (97%), Maranhão (65%), Mato Grosso do Sul (61%), Minas Gerais (57%) e Tocantins (91%), além de porções menores de outros seis estados – Rondônia, Mato Grosso, Piauí, Pará, Amapá e São Paulo.

O **Bioma Caatinga** se estende pela totalidade do estado do Ceará (100%) e mais de metade da Bahia (54%), Paraíba (92%), Pernambuco (83%), Piauí (63%) e Rio Grande do Norte (95%), quase metade de Alagoas (48%) e Sergipe (49%), além de pequenas porções de Minas Gerais (2%) e do Maranhão (1%).

O **Bioma Pantanal** afeta apenas dois estados: ocupa 25% do Mato Grosso do Sul e 7% do Mato Grosso.

O **Bioma Pampa** se restringe ao Rio Grande do Sul. Ocupa 63% do território do estado.

Examinemos agora a questão proposta: até que ponto os biomas terrestres são suficientemente e equilibradamente contemplados pela distribuição das UCs federais? Nesses biomas, há 171.424.192ha de áreas protegidas por UCs federais de 11 diferentes categorias (excluídas as RPPNs). No seu conjunto, as UCs estão presentes em todos os seis biomas terrestres. Mas ocorre equilíbrio nessa distribuição? A resposta à pergunta é negativa: a Tabela 14 traz as proporções das áreas dos biomas terrestres, protegidas por UCs federais.

Tabela 14 – Brasil – Áreas absolutas e relativas dos biomas brasileiros protegidas por unidades de conservação federais – situação em 2020 (ha) (*)

biomas brasileiros	áreas absolutas (1)	áreas absolutas protegidas por UCs federais (2)	% dos biomas protegidos (2/1)
Amazônia	419.694.943	63.504.455	15,13
Cerrado	203.644.800	5.310.486	2,60
Mata Atlântica	111.018.200	3.849.554	3,46
Caatinga	84.445.300	5.564.986	6,59
Pampa	17.649.600	386.320	2,19
Pantanal	15.035.500	147.478	1

(*) Excluídos dados referentes às RPPNs.
Fonte: Instituto Chico Mendes de Conservação da Biodiversidade

Esses dados mostram que existe um forte desequilíbrio entre os biomas em termos dos seus percentuais protegidos por UCs federais. As seis cifras são quase todas bem desiguais entre si, e os extremos são muito distantes entre si – 15,13% para o Bioma Amazônia e apenas 1% para o Bioma Pantanal. Fica evidente que falta muito a fazer para que as UCs federais atinjam um equilíbrio quanto à representatividade dos trechos protegidos dos diferentes biomas.

Na versão anterior deste texto, incluímos e analisamos dados de 2005 sobre a incidência das UCs federais em áreas de transição entre biomas. Infelizmente, não encontramos esse tipo de informação na versão atual do CNUC nem na base do ICMBio (Painel). No entanto, valeria a pena recuperar e discutir dados atualizados sobre a questão, pois a inclusão de áreas de transição entre biomas tem o potencial (i) de aumentar as parcelas protegidas dos respectivos biomas e (ii) de proteger espécies que ocorrem em diferentes biomas ou transitam naturalmente entre eles. Em 2005, das 277 UCs federais então existentes (cifra que excluía as RPPNs), 16 se localizavam em áreas de transição entre dois biomas. Essas 16 unidades totalizavam 1.971.134,30ha, ou seja, cerca de 3,10% de toda a área protegida por UCs federais no país em 2005. Dessas 16 UCs, quatro (com 790.325,80ha) se situavam entre Cerrado e Amazônia; quatro (com 861.518,82ha) entre Cerrado e Caatinga; duas (com 6.755,96ha) entre Caatinga e Mata Atlântica; duas (com 48.054,16ha) entre Mata Atlântica e Pampa; e quatro (264.479,56ha) entre Cerrado e Mata Atlântica.

Em 2005, portanto, a grande maioria das UCs federais ocupava áreas de domínio de biomas singulares. Não encontramos uma explicação para as localizações dessas 16 unidades em áreas transicionais nem para a supressão dessa informação nos dados mais recentes. Seria interessante abordar se essas localizações foram casuais ou propositais.

UCs do Bioma Amazônia

A extensão do Bioma Amazônia brasileiro é de 419.694.943ha. Mas esse bioma, na sua dimensão continental, ultrapassa as fronteiras brasileiras e abrange oito países além do Brasil e se divide aproximadamente da seguinte forma: 60% no Brasil e os demais 40% em oito outros países – Bolívia, Peru, Equador, Colômbia, Venezuela, Suriname, Guiana e Guiana Francesa.[72] No Brasil, o bioma ocupa quase a metade do território nacional (49,29%). Em 2020, ele estava protegido por 125 UCs federais, que ocupam uma área de 63.504.455ha, correspondendo a 15,13% da área do bioma. Desses, 31.532.946ha (7,51%) estão sob UCs de proteção integral, e 31.971.508ha (7,61%), sob UCs de uso sustentável (Gráfico 10), cifras que revelam um equilíbrio entre os dois grupos de UCs (Gráfico 10).

[72] A Guiana Francesa, cujo nome oficial é Guyane, é, na verdade, um "departamento ultramarino" da França. Ou seja, a França é o nono país com presença territorial e política no bioma continental da Amazônia.

Gráfico 10 – Brasil – Percentagens do Bioma Amazônia protegidas por unidades de conservação federais – situação em 2020 (*)

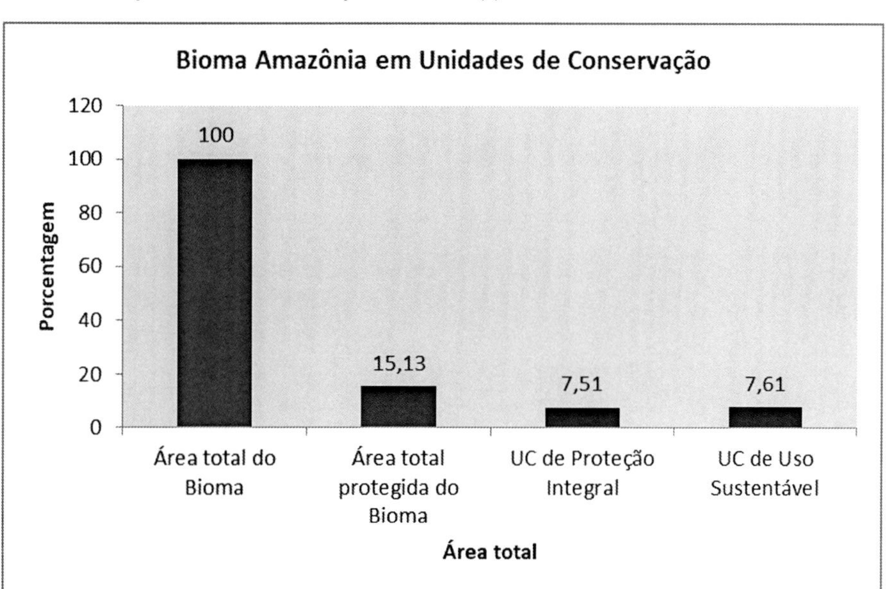

(*) Excluídos dados referentes às RPPNs.
Fonte: Instituto Chico Mendes de Conservação da Biodiversidade

UCs no Bioma Cerrado

O Cerrado é o segundo maior bioma brasileiro, com área de 203.644.800ha ocupando cerca de 24% do território nacional. Ele se entende ainda para a Bolívia e o Paraguai. É cortado por longos rios que formam ou fazem parte de quatro grandes bacias hidrográficas da América do Sul (Paraná, Araguaia/Tocantins, São Francisco e Amazonas). Segundo dados do ICMBio, o Bioma Cerrado está protegido por 43 UCs federais, com área total de 5.310.486ha; 24 são de uso sustentável (com 1.676.594ha, 0,82% do bioma), e 19 são de proteção integral (com 3.633.892ha, 1,78% do bioma), totalizando apenas 2,60% da área total do bioma. A proporção de unidades de proteção integral é quase o dobro da proporção das de uso sustentável. No entanto, dadas as pressões que o bioma tem sofrido nas últimas décadas, essas cifras minimalistas atestam uma grave insuficiência do SNUC e indicam, como dissemos antes, que o Bioma Cerrado ainda é o grande "órfão" da política de UCs (Gráfico 11).

Gráfico 11 – Brasil – Percentagens do Bioma Cerrado protegidas por unidades de conservação federais – situação em 2020 (*)

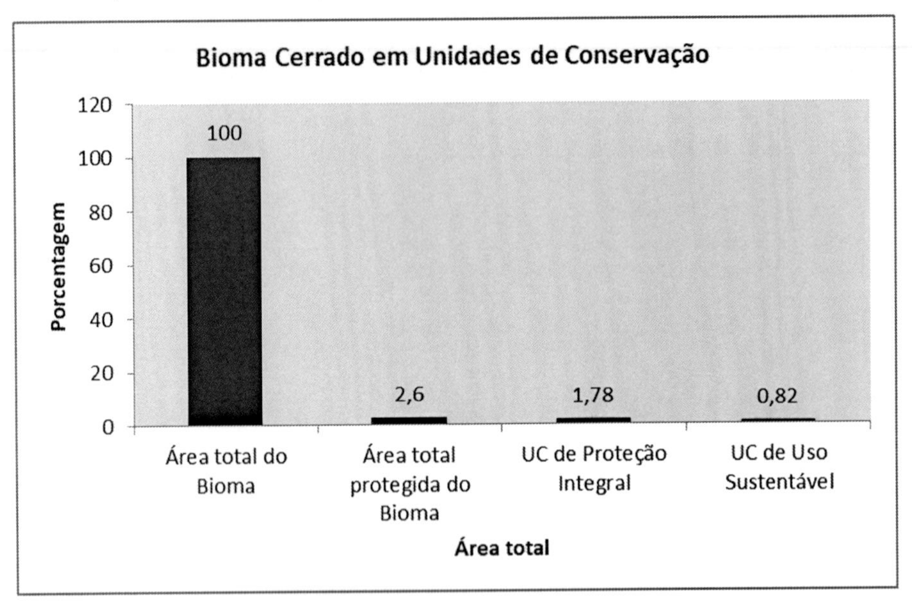

(*) Excluídos dados referentes às RPPNs.
Fonte: Instituto Chico Mendes de Conservação da Biodiversidade

UCs no Bioma Pantanal

O Bioma Pantanal tem, aproximadamente, 15.035.500ha, correspondendo a 1% do território nacional. Ele afeta porções dos territórios da Bolívia e do Paraguai. Apesar de sua rica biodiversidade, está protegido por apenas duas UCs federais, que somam 147.478ha, ou seja, 1% do bioma. Elas se localizam nos estados do Mato Grosso e Mato Grosso do Sul. Ambas são de proteção integral. Em Mato Grosso, a Estação Ecológica de Taiamã protege uma área de 11.555ha. O Parque Nacional do Pantanal Mato-grossense fica entre os estados de Mato Grosso e Mato Grosso do Sul. Tem uma área de 135.923ha (Gráfico 12).

Gráfico 12 – Brasil – Percentagens do Bioma Pantanal protegidas por unidades de conservação federais – situação em 2020 (*)

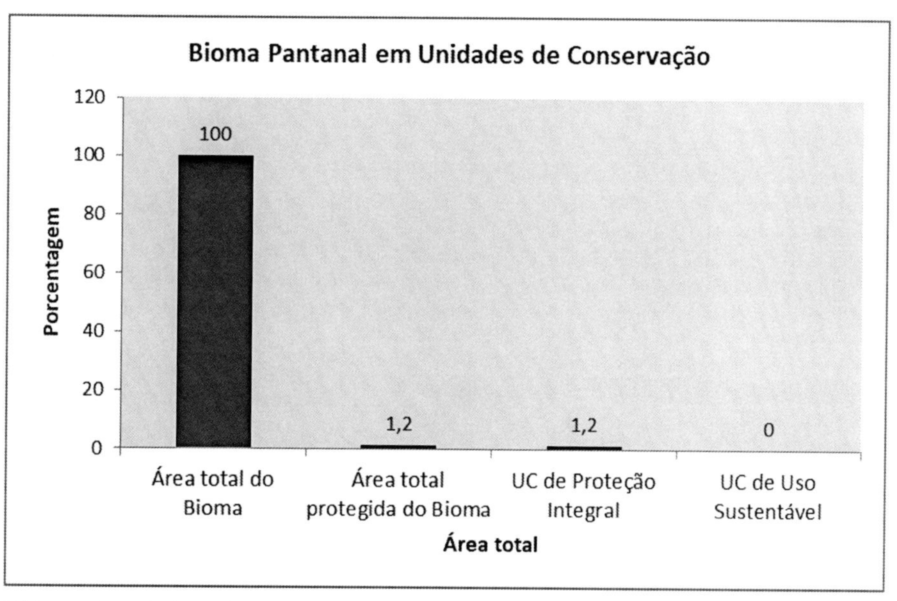

(*) Excluídos dados referentes às RPPNs
Fonte: Instituto Chico Mendes de Conservação da Biodiversidade

UCs no Bioma Caatinga

O Bioma Caatinga ocupa uma área de 84.445.300ha, cerca de 9% do território brasileiro. É o único bioma exclusivamente brasileiro. Isso significa que grande parte do seu patrimônio biológico provavelmente não é encontrada em outros lugares do Brasil ou do mundo. Ele está protegido em 28 UCs federais, com área total de 5.564.986ha, correspondendo a 6,59% do bioma. As 16 UCs de proteção integral desse bioma têm uma área conjunta de 2.283.437ha, ou 2,70% do bioma. As 12 UCs de uso sustentável protegem outros 3.281.549ha, ou 3,88% do bioma (Gráfico 13).

Gráfico 13 – Brasil – Percentagens do Bioma Caatinga protegidas por unidades de conservação federais – situação em 2020 (*)

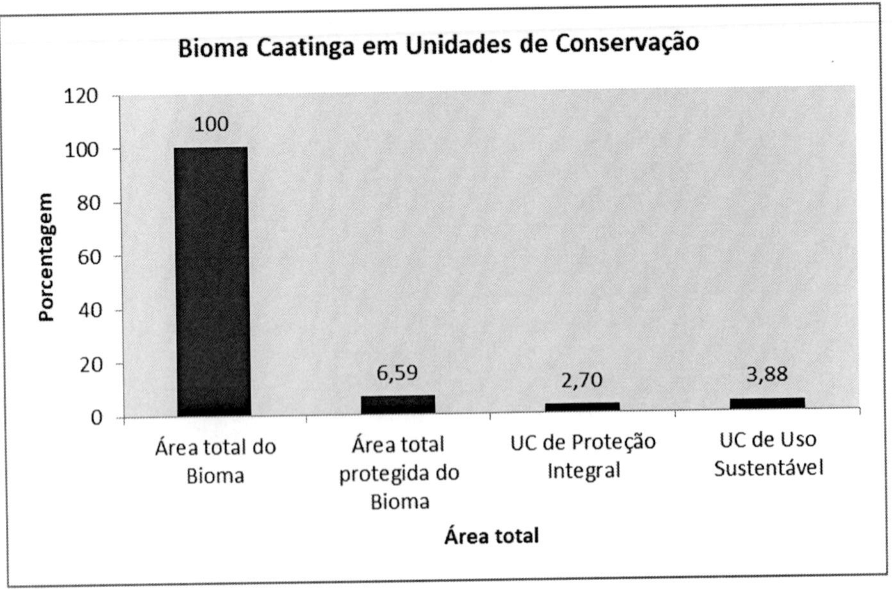

(*) Excluídos dados referentes às RPPNs.
Fonte: Instituto Chico Mendes de Conservação da Biodiversidade

UCs no Bioma Mata Atlântica

O Bioma Mata Atlântica ocupa uma área de 111.018.200ha, cerca de 13% do território brasileiro. Ele forma uma faixa ao longo de boa parte do litoral atlântico, mas, nos estados do Sul, no Rio de Janeiro, no Espírito Santo e em Minas Gerais, ele penetra de várias dezenas a algumas centenas de quilômetros para o interior. Formações interioranas do bioma chegam ao Paraguai e à Argentina. A faixa litorânea contínua do bioma vai desde o Norte do Rio Grande do Sul até o Rio Grande do Norte. Com alto grau de biodiversidade, abriga flora e fauna fortemente diversificadas, por causa das variadas condições climáticas e dos marcantes diferenciais de altitude e de latitude.

Segundo dados do ICMBio, existem, no Bioma Mata Atlântica, 92 UCs federais, com área total de 3.849.554ha. Elas protegem apenas 3,46% da sua área; 53 são de proteção integral (com 1.193.586ha, 1,08% do bioma), e 39 são de uso sustentável (com 2.655.967ha, 2,39% do bioma). Embora o número de unidades seja grande, a área conjunta delas é ínfima. Essa é outra grave insuficiência do SNUC, principalmente levando em conta que a área desse bioma foi a mais extensa e intensivamente usada, modificada e degradada nos tempos modernos e hoje é a que hospeda o maior conjunto de cidades e áreas metropolitanas brasileiras. As proporções das áreas de UCs de proteção integral e de uso sustentável constam do Gráfico 14.

Gráfico 14 – Brasil – Percentagens do Bioma Mata Atlântica protegidas por unidades de conservação federais – situação em 2020 (*)

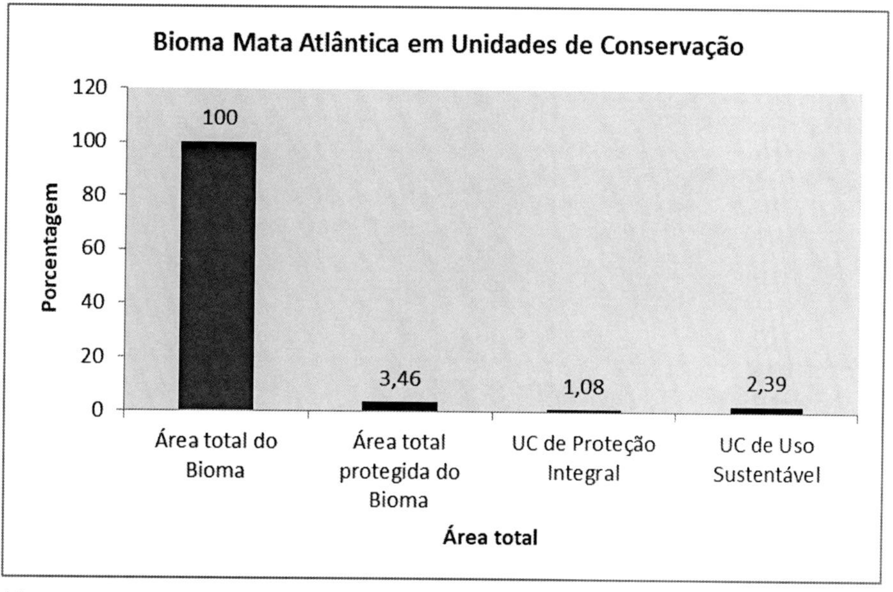

(*) Excluídos dados referentes às RPPNs.
Fonte: Instituto Chico Mendes de Conservação da Biodiversidade

UCs no Bioma Pampa

O Bioma Pampa, termo indígena que significa planície ou terra plana, é conhecido também como Bioma Campos Sulinos. Ele ocorre apenas no Região Sul do Brasil, abrangendo parte do estado do Rio Grande do Sul, mas se estende pelo Uruguai e pela Argentina. Segundo dados do ICMBio, apenas três UCs federais, com 386.320ha, protegem 2,19% do bioma em terras brasileiras. O uso sustentável do bioma é promovido pelos 316.792ha da APA do Ibirapuitã, que cobre 1,8% do bioma. A ESEC do Taim e o PARNA da Lagoa do Peixe, ambos de proteção integral, protegem outros 69.528ha do bioma, 0,4% da sua área total. Esse é outro caso claro de insuficiência do SNUC (Gráfico 15).

Gráfico 15 – Brasil – Percentagens do Bioma Pampa protegidas por unidades de conservação federais – situação em 2020 (*)

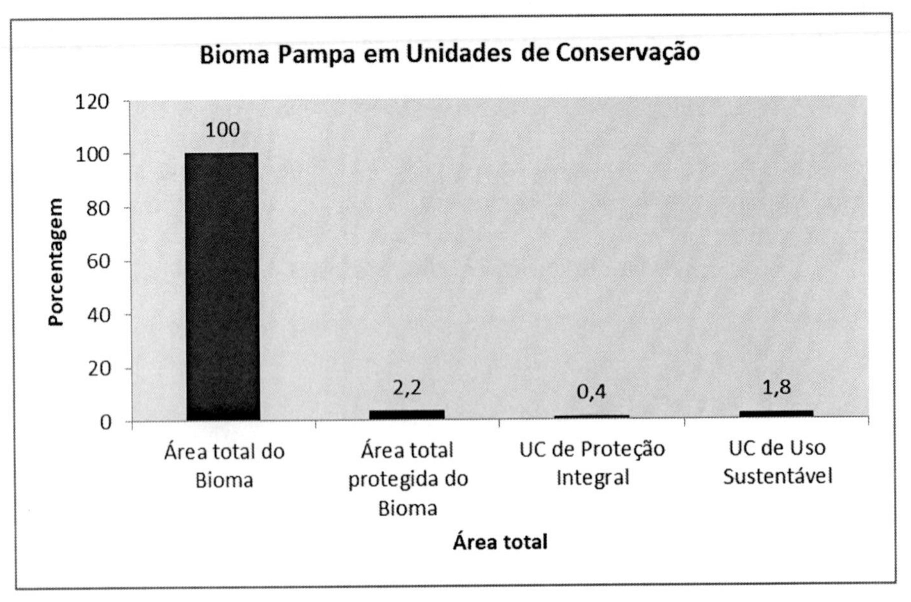

(*) Excluídos dados referentes às RPPNs.
Fonte: Instituto Chico Mendes de Conservação da Biodiversidade

Metas de representatividade ecossistêmica das unidades de conservação federais

Esta seção trata das metas de conservação da biodiversidade definidas para as UCs. Até 2010, a meta foi proteger, pelo menos, 10% de cada ecorregião.[73] Essa meta foi definida na Estratégia Global para a Conservação de Plantas.[74] Foi adotada em 2003, pelo "V Congresso Mundial de Parques", da IUCN, realizado em Durban, África do Sul, e pelo Programa de Trabalho para Áreas Protegidas da Convenção sobre Diversidade Biológica – "VII Conferência das Partes da Convenção sobre Diversidade Biológica", realizada

[73] A Rede WWF define ecorregião como uma "grande unidade de terra ou água que contém um conjunto geograficamente distinto de espécies, comunidades naturais e condições ambientais". Afirma, ainda, que os limites de uma ecorregião "não são fixos nem bem definidos". A Amazônia, por exemplo, inclui diversas ecorregiões. O conceito permite uma sintonia mais fina das políticas de proteção da biodiversidade e uma análise mais apurada de representatividade ecossistêmica das UCs. Ver: https://www.wwf.org.br/natureza_brasileira/areas_prioritarias/amazonia1/bioma_amazonia/ecossistemas_da_amazonia/#:~:text=Uma%20ecorregi%C3%A3o%20engloba%20uma%20%C3%A1rea,espelham%20sua%20grande%20diversidade%20biol%C3%B3gica. Acesso em: 26 abr. 2024.

[74] CBD; UNEP. *Estratégia Global para a Conservação de Plantas*. Rio de Janeiro: Rede Brasileira de Jardins Botânicos; Instituto de Pesquisas Jardim Botânico do Rio de Janeiro; Botanic Gardens Conservation International, 2006.

em Kuala Lumpur, Malásia, em fevereiro de 2004. O Brasil participou desses encontros e endossou os documentos gerados por eles, comprometendo-se formalmente a atingir as metas definidas.

Vimos, anteriormente, que as percentagens das áreas protegidas por UCs federais em cada bioma brasileiro estão abaixo da meta de 10%, exceto no Bioma Amazônia. No entanto, se considerarmos que os 10% de área protegida estipulados devem estar sob regime de proteção integral, a situação se revela ainda mais grave, pois nem mesmo o Bioma Amazônia cumpriria a meta. Se classificarmos terras indígenas e terras de quilombos como áreas protegidas, a situação melhora um pouco, sobretudo nos Biomas Amazônia e Cerrado. Podem ser contabilizadas ainda as UCs criadas nos âmbitos estadual e mesmo municipal, pois elas ampliam a percentagem de território sob proteção legal.

As percentagens de áreas protegidas são importantes, mas a efetividade da proteção tem a mesma importância. Isso tem causado uma controvérsia a respeito de quais tipos de áreas protegidas devem ser contabilizados para atestar o alcance das metas percentuais. Muitos especialistas consideram que as áreas de UCs de uso sustentável não devem ser contabilizadas para fins do cumprimento das metas, pois elas permitem diversos tipos de usos, atividades produtivas e construção de itens de infraestrutura, que podem afetar negativamente a integridade dos recursos naturais – caça, pesca, coleta vegetal, agricultura, rodovias, usinas hidrelétricas, linhas de transmissão, corte de árvores, mineração, irrigação, abastecimento de água para populações urbanas etc. Nessa ótica, elas são mais apropriadamente classificadas como territórios sob regime especial de manejo, com vistas à sustentabilidade. Embora as UCs de uso sustentável sejam desejáveis e positivas em um contexto em que prevalecem usos imediatistas e predatórios, há especialistas que consideram que elas não se qualificaram como protetoras da biodiversidade. A situação é ainda pior quando consideramos as mencionadas Metas de Aichi que, em 2010, definiram patamares mais altos de percentuais de proteção, propuseram padrões mais exigentes de gestão das áreas protegidas e sugeriram conectar essas áreas a outras medidas de proteção e conservação ambiental

Mais recentemente, em dezembro de 2022, a XV Conferência das Partes da CDB, realizada em Montreal, Canadá, definiu as metas do marco global de proteção da biodiversidade até 2030. De novo, o patamar foi elevado. A Meta 3 estabelece o seguinte para áreas protegidas:

> Assegurar e viabilizar que até 2030 pelo menos 30 porcento das áreas terrestres, de águas interiores e de áreas costeiras e marinhas, particularmente áreas de interesse especial para as funções e os serviços da biodiversidade e dos ecossistemas, estejam efetivamente conservadas e geridas por meio de sistemas de áreas protegidas ecologicamente representativas, bem interconectadas e equitativamente manejados e por outras medidas efetivas conservacionistas territorialmente definidas, com reconhecimento de territórios indígenas e tradicionais, quando aplicáveis, e integradas em paisagens terrestres, marinhas e oceânicas mais amplas, e assegurando que qualquer uso sustentável, quando for apropriado em tais áreas, seja totalmente consistente com os resultados conservacionistas, reconhecendo e respeitando os direitos de povos indígenas e comunidades locais, inclusive os direitos sobre os seus territórios tradicionais.[75]

Há, portanto, um longo caminho a percorrer para que o Brasil atinja os níveis adequados de proteção e gestão da rica biodiversidade existente em seu território, especialmente nas suas áreas protegidas.

Regularização fundiária das unidades de conservação federais

Um dos problemas mais comuns das UCs, no Brasil e em muitos outros países, é o da falta de regularização fundiária das terras colocadas sob proteção ambiental. Esse problema é particularmente delicado quando afeta UCs de proteção integral, que exigem a dominialidade pública total e/ou a exclusão de todas as atividades de exploração direta dos recursos naturais.

No Brasil, o enraizado padrão histórico de fraco controle governamental sobre as terras públicas e particulares e sobre os usos dos recursos naturais conexos tem contribuído para criar e perpetuar nas UCs inúmeros problemas sociais, administrativos, legais e judiciais, tão ou mais complexos que as suficientemente complexas tarefas ligadas à proteção da biodiversidade. Essa falta de controle se associa tanto a usos particulares (agricultura, pecuária, mineração) quanto a obras públicas de grande e médio porte, como estradas, ferrovias, portos, aeroportos, "lixões", instalações militares e usinas hidrelétricas, chegando a políticas sociais de colonização e reforma agrária e à expansão de áreas urbanas e periurbanas. As UCs, que são ou devem ser basicamente terras públicas colocadas sob um regime especial de proteção, e

---

[75] Disponível em: https://www.cbd.int/article/cop15-cbd-press-release-final-19dec2022. Acesso em: 26 abr. 2024. Tradução dos autores.

as áreas protegidas em terras particulares, como APPs e RLs, não poderiam deixar de ser afetadas por esse padrão histórico de fraco controle público e de difícil regularização fundiária.

Frederico Freitas publicou recentemente uma detalhada análise sobre a história do Parque Nacional do Iguaçu. O texto registra uma enorme variedade de usos competitivos e a falta de controle sobre terras públicas dentro e no torno de um dos mais antigos e mais visitados parques brasileiros. É uma amostra (talvez extrema) da complexidade que dificulta a regularização fundiária de UCs. Embora criado em 1939 numa área de difícil acesso, e embora esteja hoje em dia relativamente bem consolidado, o PARNA Iguaçu exibe "cicatrizes" de inúmeros conflitos fundiários e de usos competitivos. Ele foi originalmente uma área protegida estadual; depois, virou área protegida federal; os seus limites foram negociados com a Argentina (e com o vizinho Parque Nacional de Iguazú, argentino), num contexto que envolveu as conhecidas rivalidades diplomáticas entre Brasil e Argentina; esteve sujeito a iniciativas de colonização privada e pública dentro e fora dos seus limites; foi afetado pela expansão urbana de Foz do Iguaçu, pela criação e presença de uma unidade militar e por operações madeireiras nas suas imediações; sofreu invasões de caçadores e coletores vegetais provenientes da Argentina; colonos habitantes do PARNA Iguaçu faziam o mesmo – invadiam a unidade argentina para caçar; parte da sua área foi concedida a uma empresa ferroviária que nunca construiu a ferrovia planejada; uma estrada estadual cortou o parque; a área do parque sofreu reduções e expansões conflitivas; políticos paranaenses compraram ou grilaram terras e criaram loteamentos agrícolas nas vizinhanças do parque, com apoio dos governos estaduais do Paraná – e assim por diante.[76]

Os dados da Tabela 15 mostram que a situação de regularização fundiária das UCs federais brasileiras é mais do que desanimadora – é ruim. Talvez seja o problema mais grave e mais difícil de resolver das nossas UCs federais. Em 2020, 184 das 284 unidades que exigem dominialidade pública integral, 51 (17,95%) são oficialmente consideradas não regularizadas, e outras 133 (46,83%) não têm a sua situação fundiária informada. Se incluirmos as 45 unidades parcialmente regularizadas, a cifra de UCs problemáticas nesse quesito sobe para 229 (80,63% de 284), restando a magra cifra de 55 (19,37%) de UCs federais regularizadas em termos fundiários.[77]

---

[76] Ver: FREITAS, Frederico. *Nationalizing Nature* – Iguazu Falls and National Parks at the Brazil – Argentina Border. Cambridge, United Kingdom: Cambridge University Press, 2021.

[77] Ver uma análise detalhada da complexa problemática da situação fundiária dos parques nacionais brasileiros, feita com base em dados disponíveis em 2010: ROCHA, Leonardo; DRUMMOND, José Augusto; GANEM, Roseli Senna. Parques nacionais brasileiros: problemas fundiários e alternativas, para a sua resolução. *Revista de Sociologia e Política*, v. 18, p. 205-226, 2010.

Tabela 15 – Brasil – Situação da regularização fundiária das unidades de conservação federais, por categoria, 2020 (*)

categorias	não regularizadas	parcialmente regularizadas	regularizadas	não informado	totais
ESEC	7	5	11	7	30
FLONA	7	3	17	40	67
MN (**)	-----	-----	1	4	5
PARNA	17	19	6	32	74
REBIO	8	5	9	9	31
RESEX	11	13	9	33	66
RDS	-----	-----	-----	2	2
RVS (**)	1	-----	2	6	9
totais	51	45	55	133	284

* Foram excluídas APAs, ARIEs e RPPNs, que não exigem dominialidade pública.
** Os MNs e as RVS podem ou não ser de dominialidade pública. Exigem desapropriação apenas quando as atividades desenvolvidas pelos proprietários são incompatíveis com os seus objetivos.
Fonte: Ministério do Meio Ambiente – Cadastro Nacional de Unidades de Conservação

Existe um detalhe adicional a considerar sobre as escassas 55 UCs federais dadas como regularizadas. Trata-se do fato de que nem todas elas estão necessariamente inscritas ou em condições de serem inscritas no patrimônio público pela Secretaria de Patrimônio da União – a SPU. Essa inscrição é a etapa final de definição do status público de todos os tipos de bens imóveis ou móveis da União. Ou seja, o fato de o ICMBio considerar resolvidas (via indenizações, decisões judiciais, doações ou acordos) todas as pendências com proprietários ou ocupantes das terras de uma UC **não** é suficiente para que ela seja integralmente incorporada ao patrimônio público. A SPU faz exigências suplementares e tem os seus próprios processos de inscrição sobre os quais o ICMBio não tem controle.

Voltando aos dados da Tabela 15, chama a atenção o fato negativo de que apenas 6 (8,1%) de 74 PARNAs estejam regularizados – afinal, os PARNAs são a categoria mais antiga de UCs no país, remontando à década de 1930. Os dados indicam, no entanto, que a categoria igualmente antiga das FLONAs (criadas a partir da década de 1940) alcança o melhor índice de regularização fundiária – 17 em 67 (25,4%) –, índice este que, apesar de ser o melhor atestado pelos dados, ainda é baixo. Fica patente que, no sistema de UCs federais, a antiguidade das categorias ou da criação das UCs **não** se correlaciona com o seu grau de regularização fundiária. É por isso que o problema fundiário merece a denominação de **crônico**, ou seja, ele se mantém e chega até a se agravar com a passagem do tempo.

Os dados da Tabela 16, a seguir, permitem cruzar a questão da regularização fundiária com a da distribuição regional das UCs federais. Verificamos que, embora os índices de regularização por região sejam em geral insatisfatórios ou muito baixos, existem diferenças marcantes. As Regiões Centro-Oeste (4,94%) e Nordeste (16,36%) têm índices de regularização bem menores que os das Regiões Norte (29%), Sudeste (23,63%) e Sul (25,45%). Isso possivelmente expressa uma capacidade ou disposição diferencial dos órgãos gestores ao longo de décadas de lidar com as pendências fundiárias nas diferentes regiões. No entanto, é possível que a situação se explique também pelo ordenamento fundiário um pouco menos confuso de partes de algumas regiões (Sul e Sudeste), em contraste com uma situação mais desordenada e mesmo conflitiva de muitas áreas do Norte, Centro-Oeste e Nordeste.

Tabela 16 – Brasil – Distribuição regional das situações de regularização fundiária das unidades de conservação federais – situação em 2020 (*) (**)

regiões	categorias	não regularizadas	parcialmente regularizadas	regularizadas	não informado	totais
CO	ESEC	0	0	2	0	2
	FLONA	0	0	1	2	3
	PARNA	0	2	0	4	6
	REBIO	1	0	0	0	1
	RESEX	2	0	0	0	2
CO subtotal		3	3	3	6	14
N	ESEC	3	2	3	1	9
	FLONA	7	2	2	23	34
	PARNA	7	3	4	7	21
	REBIO	3	3	1	2	9
	RESEX	6	10	6	22	44
	RDS	0	0	0	1	1
N subtotal		26	20	16	56	118
N e CO	PARNA	1	0	0	1	2
N e CO subtotal		1	0	0	1	2

regiões	categorias	não regu-larizadas	parcialmente regularizadas	regula-rizadas	não in-formado	totais
NE	ESEC	1	1	0	4	6
	FLONA	0	0	3	7	10
	PARNA	4	3	1	13	21
	REBIO	1	1	4	2	8
	RESEX	2	3	1	11	17
	RVS	1	0	0	4	5
	MN	0	0	0	3	3
NE subtotal		9	8	9	44	70
NE e SE	PARNA	0	1	0	0	1
NE e SE subtotal		0	1	0	0	1
NE e NO	ESEC	0	1	0	0	1
NE e NO subtotal		0	1	0	0	1
S	ESEC	1	1	2	1	5
	FLONA	0	1	7	1	9
	PARNA	3	5	1	2	11
	REBIO	3	1	0	0	4
	RESEX	0	0	1	0	1
	RVS	0	0	1	1	2
S subtotal		7	8	12	5	32
S e CO	PARNA	1	0	0	0	1
S e CO subtotal		1	0	0	0	1
S e SE	PARNA	0	0	0	1	1
S e SE subtotal		0	0	0	1	1
SE	ESEC	1	1	4	0	6
	FLONA	0	0	4	7	11
	PARNA	1	5	0	4	10
	REBIO	1	0	4	4	9
	RESEX	0	0	1	1	2
	RDS	0	0	0	1	1
	RVS	0	0	1	1	2
	MN	0	0	1	1	2
SE subtotal		3	6	15	19	43
totais	-----	50	46	55	134	284

*Excluídos dados referentes às RPPNs

** Excluídas APAs e ARIEs, que não exigem dominialidade pública.

Fonte: Ministério do Meio Ambiente – Cadastro Nacional de Unidades de Conservação

Em seguida, examinamos mais de perto a situação geral da regularização fundiária de uma das categorias de UCs federais de uso sustentável – as RESEXs (ver a Tabela 17). A situação delas é particularmente desanimadora: das 66 unidades, apenas nove (13,63%) têm as suas áreas regularizadas – Alto Juruá, Rio do Cautário, Caeté-Taperaçu, Rio Unini, Tapajós-Arapiuns e Terra Grande Pracuúba, na Região Norte; Pirajubaé (marinha), na Região Sul; Mandira, na Região Sudeste; e Quilombo Frechal, na Região Nordeste. Foi apenas nessas nove RESEXs que houve a celebração formal dos contratos de concessão real de uso para as associações dos moradores locais, o que, aliás, é a condição básica para a legalidade e a legitimidade social dessa categoria de UC. A existência desses contratos provavelmente tem relação com a sua situação positiva de regularização fundiária, mas os dados não permitem fazer o cruzamento necessário para verificar se ocorre essa relação. De outro lado, 14 (21,21%) das 66 RESEXs são marinhas e, portanto, em tese, as suas terras e águas já eram de domínio pleno da União antes mesmo de sua criação. Mesmo assim, o ICMBio considera oficialmente regularizadas apenas as duas reservas marinhas citadas anteriormente (Caeté-Taperaçu e Pirajubaé).

Tabela 17 – Brasil – Situação fundiária das 66 reservas extrativistas federais em 2020 (em ordem cronológica de criação)

n.º de ordem	nomes	UF	anos de criação	situação
1.	Alto Juruá	AC	1990	regularizada
2.	Chico Mendes	AC	1990	parcialmente regularizada
3.	Rio Ouro Preto	RO	1990	não informado
4.	Marinha Pirajubaé	SC	1992	regularizada
5.	Extremo Norte do Tocantins	TO	1992	não informado
6.	Mata Grande	MA	1992	não regularizada
7.	Quilombo do Frechal	MA	1992	regularizada
8.	Rio Cajari	AP	1997	parcialmente regularizada
9.	Marinha Arraial do Cabo	RJ	1997	não informada
10.	Médio Juruá	AM	1997	não informada
11.	Tapajós-Arapiuns	PA	1998	regularizada

n.º de ordem	nomes	UF	anos de criação	situação
12.	Lago do Cuniã	RO	1999	parcialmente regularizada
13.	Marinha Corumbau	BA	2000	não informada
14.	Marinha Baía do Iguapé	BA	2000	não informada
15.	Alto Tarauacá	AC	2000	não informada
16.	Marinha Delta do Parnaíba	MA/ PI	2000	não informada
17.	Baixo Juruá	AM	2001	parcialmente regularizada
18.	Auatí-Paraná	AM	2001	não regularizada
19.	Barreiro das Antas	RO	2001	parcialmente regularizada
20.	Rio do Cautário	RO	2001	regularizada
21.	Marinha Soure	PA	2001	não informada
22.	Marinha Lagoa do Jequiá	AL	2001	não informada
23.	Rio Jutaí	AC	2002	não regularizada
24.	Cazumbá-Iracema	AC	2002	parcialmente regularizada
25.	Maracanã	PA	2002	parcialmente regularizada
26.	São João da Ponta	PA	2002	não informada
27.	Chocoaré-Mato Grosso	PA	2002	não informada
28.	Mandira	SP	2002	regularizada
29.	Mãe Grande de Curuçá	PA	2002	não informada
30.	Batoque	CE	2003	não regularizada
31.	Cururupu	MA	2004	parcialmente regularizada
32.	Lago do Capanã Grande	AM	2004	parcialmente regularizada
33.	Verde Para Sempre	PA	2004	não informada
34.	Riozinho do Anfrísio	PA	2004	parcialmente regularizada
35.	Riozinho da Liberdade	PA	2005	não regularizada
36.	Marinha Caeté-Taperaçu	PA	2005	regularizada

n.º de ordem	nomes	UF	anos de criação	situação
37.	Marinha Gurupi-Piriá	PA	2005	não informada
38.	Marinha Tracuateua	PA	2005	parcialmente regularizada
39.	Marinha Araí-Peroba	PA	2005	não informada
40.	Mapuá	PA	2005	não informado
41.	Ipaú-Anilzinho	PA	2005	não regularizada
42.	Arióca Pruanã	PA	2005	não regularizada
43.	Arapixi	AM	2006	não regularizada
44.	Canavieiras	BA	2006	parcialmente regularizada
45.	Recanto das Araras de Terra Ronca	GO	2006	não regularizada
46.	Gurupá-Melgaço	PA	2006	não informada
47.	Lago do Cedro	GO	2006	não regularizada
48.	Rio Iriri	PA	2006	não informada
49.	Rio Unini	AM	2006	regularizada
50.	Terra Grande Pracuúba	PA	2006	regularizada
51.	Chapada Limpa	MA	2007	não informada
52.	Acaú-Goiana	PB/ PE	2007	não regularizada
53.	Médio Purús	AM	2008	não informada
54.	Ituxí	AM	2008	não informada
55.	Rio Xingu	PA	2008	não informada
56.	Renascer	PA	2009	não informada
57.	Prainha do Canto Verde	CE	2009	não informada
58.	Cassurubá	BA	2009	não informada
59.	Ciriaco	MA	2010	parcialmente regularizada
60.	Marinha Mestre Lucindo	PA	2014	não informada
61.	Marinha Mocapajuba	PA	2014	não informada
62.	Marinha Cuinarana	PA	2014	não informada
63.	Arapiranga-Tromaí	MA	2018	não informada
64.	Baía do Tubarão	MA	2018	não informada

n.º de ordem	nomes	UF	anos de criação	situação
65.	Itapetinga	MA	2018	não informada
66.	Baixo Rio Branco-Jauaperi	RO/ AM	2018	não informada

Fonte: Instituto Chico Mendes de Conservação da Biodiversidade; Ministério do Meio Ambiente - Cadastro Nacional de Unidades de Conservação

Ainda de acordo com os dados da Tabela 17, 13 RESEXs estavam na situação "parcialmente regularizada". Três estão no Pará, duas no Amazonas, duas no Acre, duas em Rondônia, duas no Maranhão, uma no Amapá e uma na Bahia. Assim, no caso das RESEXs, os dados indicam que até agora os esforços de regularização fundiária foram mais bem-sucedidos na Região Norte, em contraste com o quadro geral das UCs resumido na Tabela 16.

Embora as RESEXs estejam entre as UCs mais recentemente criadas, ainda assim é preocupante que apenas nove estejam com situação fundiária resolvida. e apenas 13 estejam parcialmente regularizadas. Esse status é ainda mais relevante pelo fato de essas unidades serem do grupo de uso sustentável, o que, em tese, deveria gerar menos conflitos e dificuldades de regularização, já que elas não excluem a presença de moradores e das suas atividades produtivas – pelo contrário, o objetivo delas é precisamente viabilizar a continuidade das práticas produtivas dos residentes.

Estrutura de gestão das unidades de conservação federais

A Lei n.º 9.985, que instituiu o SNUC, estabeleceu que a sua gestão deveria ser feita por uma estrutura que abrange vários organismos:

i. O **Conselho Nacional do Meio Ambiente** (CONAMA), órgão **consultivo e deliberativo**, responsável por acompanhar a implementação do sistema;

ii. O **Ministério do Meio Ambiente** (MMA), órgão **central**, com a atribuição de coordenar o sistema;

iii. O **Instituto Brasileiro do Meio Ambiente e dos Recursos Naturais Renováveis (IBAMA)**, incumbido de executar as ações do SNUC. O IBAMA foi substituído, em 2007, pelo **Instituto Chico Mendes de Conservação da Biodiversidade** (**ICMBio**).

O **CONAMA** existe desde 1981. Na sua estrutura relativamente complexa, consta um colegiado que se dedica exclusivamente a assuntos relacionados às UCs. Várias resoluções do CONAMA tratam de especificamente de UCs.[78]

No **MMA**, várias instâncias administrativas lidam com as UCs, sobretudo a **Secretaria de Biodiversidade e Florestas.** As demais secretarias do MMA tratam das UCs de maneira transversal, conforme os seus programas e projetos afetem as unidades e os seus entornos.

Até 2007, o **IBAMA** foi órgão de execução de políticas ambientais em âmbito federal. Fora criado em 1989, a partir da extinção e fusão das atribuições de quatro órgãos: o Instituto Brasileiro de Desenvolvimento Florestal (IBDF), a Superintendência do Desenvolvimento da Borracha Natural (SUDHEVEA), a Superintendência de Desenvolvimento da Pesca (SUDEPE) e a Secretaria Especial de Meio Ambiente (SEMA). Em 2007, o IBAMA perdeu para o ICMBio as atribuições relacionadas diretamente às UCs, mas ele ainda atua em conjunto com o ICMBio na fiscalização delas.

O ICMBio, vinculado ao MMA, foi criado em 28 de agosto de 2007, pela Lei n.º 11.516, para definir normas e padrões de gestão das UCs federais. Ele tem como competência executar as ações do SNUC, podendo propor, implantar, gerir, proteger, fiscalizar e monitorar as UCs federais. Cabe a ele ainda fomentar e executar programas de pesquisa, proteção, preservação e conservação da biodiversidade, exercer o poder de polícia ambiental para proteger as UCs federais e contribuir para a recuperação de áreas degradadas em UCs.

As UCs fazem parte da estrutura organizacional do ICMBio. Elas são vinculadas tecnicamente às seguintes diretorias: (i) Diretoria de Criação e Manejo de Unidades de Conservação (DIMAN); (ii) Diretoria de Ações Socioambientais e Consolidação Territorial em Unidades de Conservação (DISAT); e (iii) Diretoria de Pesquisa, Avaliação e Monitoramento da Biodiversidade (DIBIO). Além dessas subunidades, as ações da Diretoria de Planejamento, Administração e Logística (DIPLAN) do ICMBio afetam a gestão das UCs. O ICMBio tem ainda unidades descentralizadas: Coordenações Regionais, Centros Nacionais de Pesquisa e Conservação, e a Academia Nacional da Biodiversidade (ACADEBIO).[79]

---

[78] As resoluções e outros atos normativos do CONAMA estão disponíveis em: http://conama.mma.gov.br/atos-normativos-sistema. Acesso em: 26 abr. 2024.

[79] O Centro de Formação em Conservação da Biodiversidade, ou Academia Nacional de Biodiversidade (ACADEBio), criado em 2009, funciona como unidade de treinamento de servidores do próprio ICMBio, especialmente aqueles recém-aprovados em concursos. Está sediado na Floresta Nacional de Ipanema, em Iperó (município da região metropolitana de Sorocaba-SP). Ver: https://www.icmbio.gov.br/flonaipanema/guia-do-visitante.html. Acesso em: 26 abr. 2024.

Recursos humanos lotados nas unidades de conservação federais e na administração central e descentralizada do ICMBio

No que se refere ao gerenciamento das UCs federais brasileiras, um problema antigo e crônico tem sido a escassez de recursos humanos nos diversos órgãos gestores. Os motivos para isso são diversos e, em geral, bem conhecidos. Não cabe discuti-los extensamente aqui. Apenas mencionaremos alguns deles, a seguir.

Em primeiro lugar, a atividade de gerenciar UCs é em si uma dificuldade a ser ponderada, pois se trata de uma política pública relativamente nova entre as atribuições do estado moderno. Tal como ocorreu há mais tempo com setores mais antigos da gestão pública (coleta de impostos, diplomacia, forças armadas, segurança pública, seguridade social, educação pública, saúde pública, programas de transferência de renda etc.), formar as competências exigidas, editar os regulamentos apropriados, criar instituições e rotinizar as práticas da conservação e proteção ambientais demandam tempo.

Em segundo lugar, a estrutura do ICMBio é descentralizada pelo mero fato de cuidar de centenas de UCs espalhadas por todo o país. Grande parte das UCs se situa em áreas remotas ou isoladas – o que é especialmente relevante em um país de grandes dimensões e fortes diferenças regionais como o Brasil. Essa descentralização desestimula muitos profissionais – mesmo quando funcionários de órgãos gestores de UCs – a trabalharem diretamente nelas. Eles têm que ponderar sobre dificuldades ligadas a residir em regiões carentes do país – falta de escolas para filhos, escassez de empregos para cônjuges, acesso incerto a atendimento médico e a outros serviços.

Em terceiro lugar, o servidor que resida na UC ou em imediações na qual está lotado fica sujeito a sofrer com o isolamento social e profissional, mesmo se isso for atenuado pelo acesso a meios de comunicação modernos, como telefonia celular e Internet. Ligado a isso está o fato de que a região de atuação profissional pode ser distante da região de origem do servidor, exigindo dele adaptações que nem sempre são fáceis. Evidentemente, esses problemas afetam outras categorias de servidores públicos federais, como oficiais e suboficiais das forças armadas, policiais federais e funcionários civis lotados em delegacias e escritórios autônomos de vários ministérios e autarquias.

Em quarto lugar, os salários e as condições de trabalho nem sempre são atraentes para quem trabalha nas UCs. Em quinto lugar, as possibilidades de aperfeiçoamento e de avanço profissionais nem sempre são imediatas, embora ICMBio tenha regras de liberação com vencimentos de servidores para fazer cursos de capacitação e pós-graduação. Em sexto lugar, gestores de UCs geralmente têm altos níveis educacionais e de preparação profissional, o que lhes abre boas possibilidades de encontrar ocupações bem pagas em outras instituições e/ou localidades.

Não se pode esquecer que a falta de prioridade da política de criação e gerenciamento das UCs – o que, às vezes, ocorreu e ocorre mesmo dentro das políticas e dos órgãos propriamente ambientais – contribui para isolar ainda mais e para frustrar os profissionais diretamente engajados na gestão das unidades. Por isso, eles, muitas vezes, preferem trabalhar nos escritórios regionais ou centrais desses órgãos, localizados em capitais estaduais ou na capital nacional, onde julgam que podem fazer mais pelas UCs.

Para gerenciar as suas UCs, em fins de 2020, o ICMBio contava com, pelo menos, seis categorias de servidores:

i. servidores do quadro, ou pessoal próprio (de níveis médio e superior);
ii. profissionais contratados temporariamente;
iii. consultores temporários;
iv. empregados de empresas terceirizadas (geralmente alocados nas áreas de apoio administrativo, limpeza e segurança);
v. pessoal cedido por instituições parceiras, no caso de UCs engajadas em esquemas de gestão compartilhada;
vi. trabalhadores voluntários, em UCs que buscam mobilizar sistematicamente esse tipo de apoio (existe inclusive apoio do MMA, por intermédio de um Programa de Voluntariado).[80]

Apesar das muitas evidências sobre a escassez de pessoal alocado nas UCs ao longo das décadas, deve ser registrado que a disponibilidade de funcionários no ICMBio cresceu ao longo dos últimos anos, embora tenha partido de um patamar muito baixo em 2007. De toda maneira, não se deve esquecer que muitos servidores atuais do ICMBio estão alocados em departamentos e atividades não relacionados diretamente com as UCs (ver mais à frente).

[80] Testemunhamos, em várias UCs, a presença de voluntários trabalhando diretamente com as equipes de gestores. Registramos que eles chegaram a essas UCs por via dos mencionados programas de voluntariado, por acordos formais e informais com prefeituras e governos estaduais, com universidades e com ONGs, ou pela mobilização de moradores locais intermediada pelos conselhos. As funções exercidas variam: apoio a serviços administrativos, de informática e Internet; guias ou palestrantes que lidam com os visitantes; pesquisas de diversos tipos. A participação desses voluntários é tipicamente temporária ou em tempo parcial, mas ela pode aumentar substancialmente a qualidade da gestão. Cabe mencionar ainda a atuação temporária dos "brigadistas" (membros das brigadas que combatem incêndios nas UCs).

A Tabela 18, a seguir, sintetiza os dados organizados pelo ICMBio sobre as categorias de seus servidores e os números de servidores em cada categoria.

Tabela 18 – Números e composição dos cargos, empregos e funções do ICMBio – situação em 2020 (*)

cargos	números
analista ambiental (nível superior)	**956**
analista administrativo (nível superior)	29
técnico ambiental (nível médio)	140
técnico administrativo (nível médio)	267
auxiliar administrativo	41
requisitado	35
aposentado	24
empregado público	20
exercício provisório	10
requisitado de outros órgãos	2
não informado	2
vago	79
anistiado	60
outros	87
total	**1.752**

(*) Inclui trabalhadores sem vínculo.
Fonte: Instituto Chico Mendes de Conservação da Biodiversidade

A cifra de 1.752 inclui tanto servidores não lotados nas UCs quanto os lotados diretamente nas UCs. Ainda que esses 1.752 servidores estivessem todos lotados diretamente nas UCs federais, teríamos, aproximadamente, uma média de apenas 5,25 funcionários por UC federal, ou o número irrisório de um funcionário para cada 978 km² de área protegida (excluindo as RPPNs, que não são geridas por servidores do ICMBio). Essas cifras são evidentemente insuficientes para garantir uma gestão efetiva das unidades.

São 923 servidores (52,68% do seu quadro de 1.752) do ICMBio lotados na sua Administração Central, em Brasília, e em Coordenações Regionais, espalhadas por diversos estados. Eles atuam apenas indiretamente na gestão das UCs. Há ainda quatro centros: (i) Centro Nacional de Pesquisa e Conservação de Tartarugas Marinhas e da Biodiversidade Marinha do Leste (mais conhecido como Projeto TAMAR); Centro Nacional de Pesquisa e Conservação de Primatas Brasileiros (CPB); Centro Nacional de Pesquisa e Conservação de Mamíferos Carnívoros (CENAP); e Centro Nacional de Pesquisa e Conservação de Aves Silvestres (CEMAVE). Os dados da Tabela 20 mostram como estão alocados esses 923 servidores.

Tabela 20 – Brasil – Números de servidores do ICMBio lotados na Administração Central, nos escritórios descentralizados e nos Centros de Pesquisa e Conservação – situação em 2020

unidades	números de servidores
Diretoria de Criação e Manejo de Unidades de Conservação (DIMAN)	232
Diretoria de Ações Socioambientais e Consolidação Territorial em Unidades de Conservação (DISAT)	71
Diretoria de Pesquisa, Avaliação e Monitoramento da Biodiversidade (DIBIO)	126
Diretoria de Planejamento, Administração e Logística (DIPLAN)	156
Coordenações Regionais	81
Unidades Avançadas de Administração Financeira (UAAF).	49
Centros Nacionais de Pesquisa de Conservação	208 (*)
total	**923**

* Supomos que os servidores alocados no Centro de Formação em Conservação da Biodiversidade, ou Academia Nacional de Biodiversidade (ACADEBio), se incluam nesses 208.
Fonte: Instituto Chico Mendes de Conservação da Biodiversidade

Os dados da Tabela 21 se referem aos 829 servidores do ICMBio (47,31% do seu quadro de 1.752) lotados diretamente em UCs federais. No entanto, encontramos dados consolidados apenas sobre a sua distribuição pelos estados e Distrito Federal; não encontramos dados consolidados sobre os números de servidores lotados em cada UC. Vemos que a maioria desses servidores trabalha em UCs situadas nas Regiões Sudeste e Nordeste – respectivamente, 263 e 188. Já 34,2% de todos os servidores estão lotados apenas no Sudeste. A Região Norte vem em terceiro lugar, com 145 servidores. As Regiões Sul e Centro-Oeste vêm por último, com 103 e 71 funcionários cada, respectivamente.

Tabela 21 – Distribuição dos servidores do ICMBio em exercício nas UCs federais, por estado, em ordem decrescente do número de servidores, situação em 2020 (*)

estados	números de funcionários
RJ	115
MG	70
SP	60
BA	57
PA	48
AM	47
SC	43
CE	31
RS	31
PR	29
PI	27
RO	27
GO	25
MA	25
DF	23
MT	21
ES	18
RN	17
AL	10
AC	9
AP	9
PB	9
PE	8
TO	5
SE	4
MS	2
outros**	59
total	829

* As RPPNs não são geridas servidores do ICMBio.
** Servidores alocados em UCs, mas sem indicação das unidades da federação.
Fonte: Instituto Chico Mendes de Conservação da Biodiversidade

A Região Norte tem, disparadamente, a maior quantidade de UCs e a maior área protegida. Por isso, a quantidade menor de servidores lotados nas UCs da região expressa um desequilíbrio evidente. Esse desequilíbrio não deve, porém, mascarar um fato evidente: todas as regiões do país padecem com a falta de pessoal diretamente lotado nas UCs. Em última instância, a escassez de servidores do ICMBio se relaciona com a baixa prioridade ainda dada à conservação da natureza no país. Isso se expressa no número insuficiente de funcionários, em salários e condições de trabalho pouco atraentes e em oportunidades limitadas de treinamento e de progressão funcional.

Planos de manejo das unidades de conservação federais

A Lei do SNUC estabeleceu a obrigatoriedade de cada UC ter um plano de manejo a ser redigido e aplicado dentro do prazo de até cinco anos a partir da data de criação. Esse documento deve ser o principal instrumento de planejamento e gestão da unidade. Evidentemente, ele não é o único instrumento necessário, mas deve ser a matriz de dados, projetos, programas e metas da gestão. A elaboração de um plano de manejo demanda trabalho e tempo aos órgãos gestores. Exige *workshops*, audiências públicas, pesquisa documental, trabalho de campo e frequentemente implica a contratação de consultorias externas. Além disso, precisa ser aprovado pelos conselhos de cada unidade. Tudo isso resulta em demoras e custos elevados. Por isso, a existência de um plano de manejo ou a sua situação (em implementação, em elaboração, em revisão) é um indicador relevante para avaliar a qualidade da gestão de uma UC. A Tabela 22 e o Gráfico 16, a seguir, contêm dados sobre os planos de manejo das UCs federais.

Tabela 22 – Brasil – Distribuição dos números de unidades de conservação federais com e sem plano de manejo, por categoria – situação em 2020 (*)

categorias	com plano de manejo	sem plano de manejo	totais
APA	21	16	37
ARIE	4	9	13
ESEC	21	9	30
FLONA	50	17	67
MN	0	5	5
PARNA	55	19	74

categorias	com plano de manejo	sem plano de manejo	totais
RDS	1	1	2
REBIO	24	7	31
RESEX	23	43	66
RVS	2	7	9
total geral	201	133	334

* Excluídos dados referentes às RPPNs.
Fonte: Instituto Chico Mendes de Conservação da Biodiversidade

Gráfico 16 – Brasil – Unidades de conservação federais com e sem plano de manejo – situação em 2020 (%) (*)

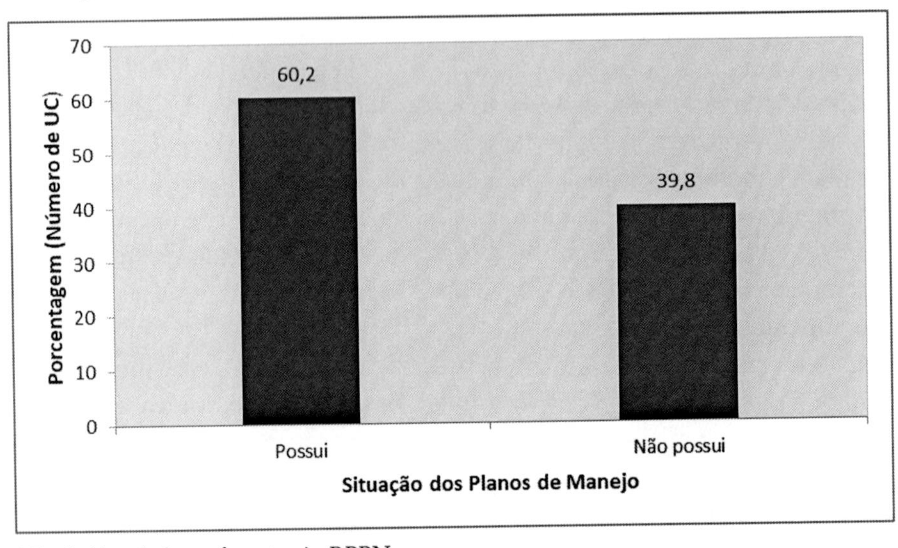

* Excluídos dados referentes às RPPNs.
Fonte: Instituto Chico Mendes de Conservação da Biodiversidade

De novo, a situação geral se revela precária. Há, porém, pontos positivos, ou ao menos animadores. Por exemplo, 105 de todos os 201 planos de manejo em aplicação se referem a 55 PARNAs (27,36% de todas as UCs que têm plano de manejo) e a 50 FLONAs (24,88%), duas categorias antigas na história das UCs brasileiras. Neste caso, a antiguidade das duas categorias parece ter contribuído para que ocorra nelas a produção da maioria dos planos (52,24%). Recordemos que ocorre o inverso no que toca à regularização fundiária dessas duas categorias. Mesmo assim, é preocupante que ainda haja 19 PARNAs e 17 FLONAs sem planos de manejo. Outro destaque positivo se refere às REBIOs – 24 de 31 têm planos de manejo (11,94% do total de planos). As ESECs atingem o índice de 10,45% do total de planos de manejo elaborados – 21 ESECs têm planos, mas eles inexistem em outras nove. As APAs apresentam um índice intermediário de planos de manejo completados – 21 de um total de 37 (10,48% do total) têm planos, mas eles faltam em outras 16. Um quadro bem pior é o das ARIEs e das RVSs – apenas quatro das 13 ARIEs e duas das nove RVSs contam com planos de manejo.

O fato de que apenas 23 das 66 RESEXs tenham planos de manejo merece comentários mais extensos. Antes da edição da Lei do SNUC, a legislação não exigia planos de manejo para essa categoria, e sim "planos de uso" ou "planos de desenvolvimento". Talvez por causa disso é que, até 2020, apenas 23 RESEXs contavam com planos de manejo. Algumas das mais antigas, como Alto Juruá e Rio Cajari, apesar de terem sido beneficiadas nos anos 1990 com amplos recursos do "Projeto RESEX" (parte do Programa Piloto do G7 para Proteção das Florestas Tropicais do Brasil – PP-G7), não contam com plano de manejo, embora tenham planos de uso e planos de desenvolvimento. Durante a segunda fase do mencionado Projeto RESEX do PP-G7, que coincidiu com a publicação da Lei do SNUC, houve debates a respeito da necessidade de planos de manejo para as reservas extrativistas. Depois de 2002, o MMA e o IBAMA decidiram que as RESEXs deveriam ter esses planos.

A situação geral, no entanto, não é boa – 39,82% (133 de 334) das UCs federais não têm planos de manejo. Rigorosamente, planos em revisão ou em elaboração não são aplicáveis. As unidades que vivenciam uma dessas duas situações estão, para todos os fins práticos, sem plano de manejo. É razoável supor que muitas UCs federais sofrem de prováveis deficiências de gestão pelo fato de não contarem com planos de manejo.

A Tabela 23 e o Gráfico 17 contêm dados sobre as áreas geridas pelas UCs federais, com ou sem o apoio de planos de manejo. Se 39,82% das UCs federais não têm planos de manejo, os dados seguintes indicam outro fenômeno: as áreas sob UCs federais geridas com e sem apoio de planos de manejo.

Tabela 23 – Brasil – Áreas de unidades de conservação federais geridas com e sem planos de manejo, por categoria – situação em 2020 (ha) (*)

categorias	com plano de manejo	sem plano de manejo	totais (ha)
APA	4.924.035	84.842.783	89.766.818
ARIE	11.153	22.935	34.088
ESEC	5.819.877	1.389.463	7.209.340
FLONA	11.987.864	5.839.575	17.827.439
MN	0	11.540.276	11.540.276
PARNA	20.703.290	6.160.714	26.864.004
RDS	64.442	38.177	102.619
REBIO	3.408.731	859.135	4.267.866
RESEX	6.954.169	5.978.504	12.932.673
RVS	84.073	794.994	879.067
totais	53.957.634	117.466.556	171.424.192

* Excluídos dados referentes às RPPNs.
Fonte: Instituto Chico Mendes de Conservação da Biodiversidade

Gráfico 17 – Brasil – Percentuais da área total das unidades de conservação federais geridas com e sem planos de manejos – situação em 2020 (*)

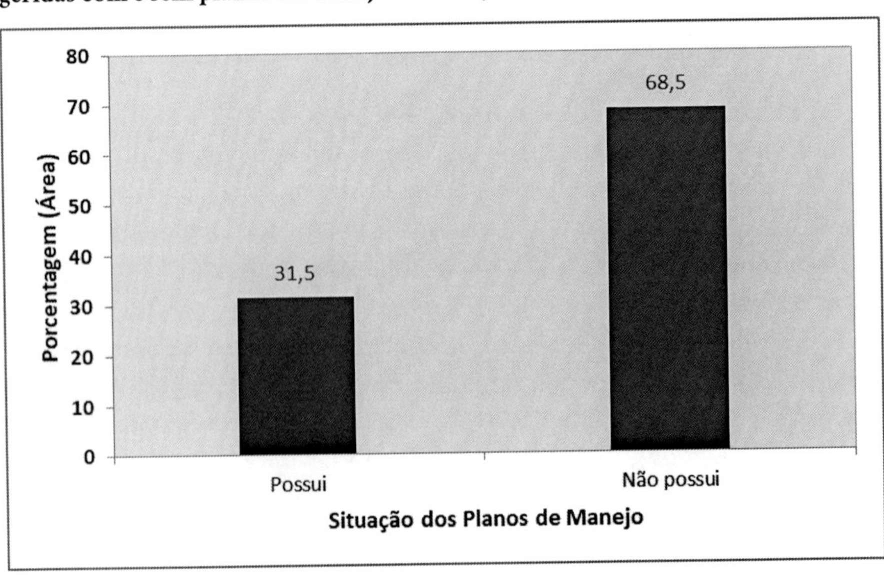

* Excluídos dados referentes às RPPNs.
Fonte: Instituto Chico Mendes de Conservação da Biodiversidade

Examinando a questão das áreas das UCs geridas com e sem o apoio de planos de manejo, a situação é inversa da que vimos sobre os números de unidades dotadas de planos. Apenas 31,5% da área total das UCs federais são manejados com planos de manejo; para os 68,5% restantes, falta o apoio desses planos. Essa é mais uma dimensão em que existe muito a ser feito para se chegar a uma situação razoável.

Conselhos gestores das unidades de conservação federais

A Lei do SNUC determinou que as UCs devem dispor de um conselho gestor (com caráter consultivo ou deliberativo, dependendo da categoria da UC). Esta inovação institucionalizou o importante componente de participação social na gestão das UCs, prática que vinha sendo adotada em algumas unidades desde os anos 1980. Um conselho gestor suscita o diálogo e a cooperação entre comunidades locais, organizações não governamentais, autoridades estaduais e municipais, proprietários rurais, trabalhadores (principalmente da agricultura e pecuária), empreendedores urbanos, iniciativa privada em geral, instituições de ensino e pesquisa, entre outros. É uma arena na qual os conflitos e as divergências em torno das UCs podem ser expostos e encaminhados de maneira mais eficaz. Conselhos possibilitam que os atores envolvidos compreendam o significado das UCs e apoiem a gestão.

Tal como no caso dos planos de manejo, supomos que a existência e o funcionamento regular de um conselho gestor é um indicador de boa qualidade de gestão de uma UC. Segundo os dados disponíveis (ver Tabela 24), 280 (83,8%) das 334 UCs federais têm conselhos gestores implantados, uma percentagem relativa boa, mas que pode ser melhorada.

Tabela 24 – Brasil – Números de unidades de conservação federais com e sem conselhos gestores, por categoria – situação em 2020 (*)

categorias	sem conselho gestor	com conselho gestor	números de UCs
APA	9	28	37
ARIE	6	7	13
ESEC	4	26	30
FLONA	9	58	67
MN	3	2	5
PARNA	10	64	74

categorias	sem conselho gestor	com conselho gestor	números de UCs
RDS	0	2	2
REBIO	4	27	31
RESEX	7	59	66
RVS	2	7	9
total	57	277	334

* Excluídos dados referentes às RPPNs.
Fonte: Ministério do Meio Ambiente – Cadastro Nacional de Unidades de Conservação

A categoria de UC com o maior percentual de conselhos gestores é a das RESEXs – 89,4%. Isso é atribuível em parte à própria natureza dessas unidades, concebidas para serem criadas em espaços nos quais comunidades locais usam regularmente os recursos naturais e se mobilizam pela criação delas. As REBIOs, as ESECs, os PARNAS e as FLONAs, que exigem dominialidade pública, vêm logo depois das RESEXs, com 87,1%, 86,7%, 86,5% e 86,4%, respectivamente, dotados de conselhos. Os RVSs, as APAs, ARIEs e os MNs, quatro categorias mais recentes, vêm no final da lista, com percentuais respectivos de 77,7%, 75,7%, 53,8% e 40%. As duas RDSs contam com conselhos, o que lhes confere um índice de 100%, mas o número baixo de unidades facilita o alcance dessa taxa.

As situações mais complexas de algumas UCs tipicamente envolvem vários grupos de interesse por vezes bem-organizados, incluindo cidadãos, entidades e grupos contrários às UCs. Em princípio, todos os grupos envolvidos ou afetados por UCs podem buscar representação nos conselhos gestores e/ou participar de audiências públicas e grupos de trabalho. Só uma análise "vertical" nos permitiria ir além dessas generalidades e avaliar os tipos de atores e interesses mais comumente representados nos conselhos gestores.

Quando examinamos a questão da distribuição regional desses conselhos gestores, com base nos dados das Tabela 25 a 33 (a seguir), vemos que a Região Norte é a que tem o maior número de conselhos (108), seguida pelo Nordeste (62), Sudeste (53), Sul (31) e Centro-Oeste (16). Há ainda dois conselhos de duas UCs situadas em três limites de regiões – Norte/Centro-Oeste, Sudeste/Sul e Sul/Centro-Oeste. Há também três conselhos gestores para três UCs situadas nos limites de duas regiões, a saber: Nordeste/Sudeste, Nordeste/Centro-Oeste e Norte/Nordeste. Considerando-se que a Região Centro-Oeste tem um número bem menor de UCs que as demais, não existe forte distorção percentual no que diz respeito à distribuição regional dos conselhos. A Região Norte tem o maior número de UCs, o que pode explicar o alto número de conselhos. As Regiões Nordeste e Sudeste têm uma vantagem relativa, se levarmos em conta o fato de que essas regiões têm quase o dobro de unidades em relação à Região Sul (isso pode ser mais bem entendido com ajuda dos dados das Tabelas 8, 9 e 10).

Tabela 25 – Brasil – Dados sobre parques nacionais com conselhos gestores, por estado e região, em ordem alfabética – situação em 2020

parques nacionais	Portarias de criação do conselho	datas	estado / estados	região / regiões
Abrolhos	150	21/11/2002	BA	NE
Amazônia	86	26/11/2004	AM e PA	N
Anavilhanas	101	20/12/2006	AM	N
Aparados da Serra	26	21/05/2003	RS e SC	S
Araguaia	103	08/12/2011	TO	N
Araucárias	006	26/01/2010	SC	S
Serra Geral	26	21/05/2003	RS e SC	S
Boa Nova	40	28/08/2015	BA	NE
Brasília	176	04/12/2001	DF	CO
Cabo Orange	Decreto n.º 182	06/01/2002	AP	N
Campos Amazônicos	132	22/11/2012	RO/MT/AM	N e CO
Caparaó	67	19/04/2002	ES e MG	SE
Cavernas do Peruaçu	96	17/12/2004	MG	SE
Chapada das Mesas	102	10/09/2012	MA	NE
Chapada Diamantina	185	19/12/2001	BA	NE
Chapada do Guimarães	6	06/02/2008	MT	CO
Chapada dos Veadeiros	82	26/06/2001	GO	CO
Descobrimento	9	02/02/2008	BA	NE
Emas	151	21/11/2002	GO e MS	CO
Fernando de Noronha	190	31/12/2001	PE	NE
Furna Feia	73	28/06/2016	RN	NE
Grande Sertão Veredas	92	17/12/2004	BA e MG	NE e SE
Histórico do Monte Pascoal	102	06/12/2011	BA	NE
Iguaçu	88	08/08/2001	PR	S

parques nacionais	Portarias de criação do conselho	datas	estado / estados	região / regiões
Ilha Grande	44	06/10/2015	MS/PR	CO e S
Itatiaia	96/02N	06/08/2002	MG e RJ	SE
Jamanxim	17	13/01/2017	PA	N
Jaú	Decreto n.º 163	27/12/2002	AM/RR	N
Jericoacoara	159	23/12/2002	CE	NE
Juruena	44	01/07/2011	AM/MT	N e CO
Lagoa do Peixe	18	10/03/2006	RS	S
Lençóis Maranhenses	16	21/02/2014	MA	NE
Mapinguari	166	08/03/2013	AM/RO	N
Monte Roraima	73	25/07/2012	RR	N
Nascentes do Lago Jari	48	16/04/2012	AM	N
Nascentes do Rio Parnaíba	142	19/12/2014	MA/PI/BA	NE
Pantanal Mato-grossense	41	25/06/2008	MS/MT	CO
Pau Brasil	53	22/08/2005	BA	NE
Pico da Neblina	75	27/07/2012	AM	N
Restinga de Jurubatiba	97	06/08/2002	RJ	SE
Rio Novo	85	07/11/2011	PA	N
Saint-Hilaire/Lange	37	25/06/2008	PR	S
São Joaquim	46	01/07/2011	SC	S
Sempre-Vivas	62	07/08/2009	MG	SE
Serra da Bocaina	113	06/10/2010	RJ/SP	SE
Serra da Bodoquena	79	01/09/2010	MS	CO
Serra da Canastra	40	09/03/2004	MG	SE
Serra da Capivara	128	17/12/2010	PI	NE
Serra da Cutia	30	11/04/2007	RO	N
Serra da Mocidade	104	06/10/2010	AM/RR	N
Serra das Confusões	34	24/03/2010	PI	NE
Serra de Itabaiana	566	01/09/2017	SE	NE
Serra do Cipó	93	17/12/2004	MG	SE
Serra do Divisor	78	05/07/2002	AC	N
Serra do Gandarela	410	20/06/2017	MG	SE

parques nacionais	Portarias de criação do conselho	datas	estado / estados	região / regiões
Serra do Itajaí	93	30/09/2005	SC	S
Serra do Pardo	137	21/12/2012	PA	N
Serra dos Órgãos	102	06/08/2002	RJ	SE
Sete Cidades	126	14/12/2010	PI	NE
Superagui	45	23/06/2006	SP/PR	SE e S
Tijuca	98	06/08/2002	RJ	N
Tumucumaque	182	31/12/2002	AP e PA	N
Ubajara	105	15/12/2011	CE	NE
Viruá	130	19/11/2012	RR	N

Fonte: Ministério do Meio Ambiente – Cadastro Nacional de Unidades de Conservação

Tabela 26 – Brasil – Dados sobre áreas de proteção ambiental federais com conselhos gestores, por estado e região, em ordem alfabética – situação em 2020

áreas de proteção ambiental	Portarias de criação do conselho	datas	estado / estados	região / regiões
Anhatomirim	22	05/05/2008	SC	S
Bacia do Rio Descoberto	104	09/10/2014	GO/DF	CO
Bacia do Rio São João/ Mico-Leão-Dourado	87	08/12/2005	RJ	SE
Baleia Franca	48	23/06/2006	SC	S
Barra do Rio Mamanguape	34	27/05/2005	PB	NE
Chapada do Araripe	27	07/05/2008	PI/CE/PE	NE
Cairuçu	180	04/12/2001	RJ e SP	SE
Cananéia-Iguape-Peruíbe	64	19/04/2002	SP	SE
Carste de Lagoa Santa	2	11/01/2005	MG	SE
Cavernas do Peruaçu	95	17/12/2004	MG	SE
Costa das Algas	118	22/11/2010	ES	SE
Costa dos Corais	62	21/07/2011	PE/AL	NE
Delta do Parnaíba	27	11/12/2007	MA/PI/CE	NE
Fernando de Noronha	191	31/12/2001	PE	NE

áreas de proteção ambiental	Portarias de criação do conselho	datas	estado / estados	região / regiões
Guapimirim	178	04/12/2001	RJ	SE
Guaraqueçaba	65	19/04/2002	PR e SP	S e SE
Ibirapuitã	177	04/12/2001	RS	S
Igarapé Gelado	73	25/06/2014	PA	N
Ilhas e Várzeas do Rio Paraná	86	03/11/2009	SP/PR/MS	S e CO
Meandros do Rio Araguaia	66	22/04/2002	MT/GO	CO
Morro da Pedreira	94	17/12/2004	MG	SE
Nascentes do Rio Vermelho	60	09/08/2006	BA/GO	NE e CO
Região Serrana de Petrópolis	179	04/12/2001	RJ	SE
Piaçabuçu	46	12/11/2003	AL	NE
Planalto Central	66	19/04/2002	DF e GO	CO
Serra da Ibiapaba	105	08/10/2012	PI/CE	NE
Serra da Mantiqueira	49	07/05/2004	MG, RJ e SP	SE
Tapajós	108	23/12/2011	PA	N

Fonte: Ministério do Meio Ambiente – Cadastro Nacional de Unidades de Conservação

Tabela 27 – Brasil – Dados sobre reservas biológicas federais com conselhos gestores, por estado e região, em ordem alfabética – situação em 2020

reservas biológicas	Portarias de criação do conselho	datas	estado / estados	região / regiões
Abufari	12	27/12/2011	AM	N
Arvoredo	51	10/05/2004	SC	S
Atol das Rocas	213	26/07/2013	PE	NE
Augusto Ruschi	33	06/04/2006	ES	SE
Comboios	247	13/11/2013	ES	SE
Contagem	90	25/08/2014	DF	CO
Córrego Grande	38	26/06/2008	ES	SE
Guaporé	171	15/03/2013	RO	N
Guaribas	103	08/11/2011	PA	N

reservas biológicas	Portarias de criação do conselho	datas	estado / estados	região / regiões
Gurupi	190	20/05/2013	MA	NE
Jaru	22	10/03/2006	RO	N
Lago Piratuba	153	21/11/2002	AP	N
Mata Escura	60	28/05/2014	MG	SE
Nascentes da Serra do Cachimbo	86	08/11/2011	PA	N
Pedra Talhada	8	29/01/2004	AL e PE	NE
Perobas	13	08/02/2010	PR	S
Poço das Antas	103	06/08/2002	RJ	SE
Rio Trombetas	27	10/03/2006	PA	N
Saltinho	50	31/07/2008	PE	NE
Santa Isabel	12	03/02/2015	SE	NE
Serra Negra	100	05/09/2012	PE	NE
Sooretama	44	23/06/2006	ES	SE
Tapirapé	53	31/07/2008	PA	N
Tinguá	100	06/08/2002	RJ	SE
Uatumã	33	23/05/2011	AM	N
Uma	86	01/12/2005	BA	NE
União	99	06/08/2002	RJ	SE

Fonte: Ministério do Meio Ambiente – Cadastro Nacional de Unidades de Conservação

Tabela 28 – Brasil – Dados sobre estações ecológicas federais com conselhos gestores, por estado e região, em ordem alfabética – situação em 2020

estações ecológicas	Portarias de criação do conselho	datas	estado / estados	região / regiões
Aiuaba	89	02/09/2016	CE	NE
Carijós	77	29/05/2001	SC	S
Cuniã	37	27/04/2006	RO/AM	N
Guanabara	42	30/06/2011	RJ	SE
Guaraqueçaba	3	06/01/2012	PR	S
Jari	20	28/02/2014	PA/AP	N

estações ecológicas	Portarias de criação do conselho	datas	estado / estados	região / regiões
Juami-Japurá	72	04/09/2009	AM	N
Jutaí-Solimões	71	05/09/2011	AM	N
Maracá	101	06/10/2010	RR	N
Maracá-Jipióca	32	03/06/2003	AP	N
Mata Preta	78	01/09/2010	PR/SC	S
Mico-Leão-Preto	26	22/02/2012	SP	SE
Murici	152	21/11/2002	AL	NE
Niquiá	102	06/10/2010	RR	N
Pirapitinga	97	17/12/2004	MG	SE
Raso da Catarina	105	10/10/2014	BA	NE
Rio Acre	42	28/07/2008	AC	N
Seridó	84	08/11/2006	RN	NE
Serra das Araras	107	23/12/2014	MT	CO
Serra Geral do Tocantins	45	03/04/2012	BA/TO	N e NE
Taiamã	5	19/01/2004	MT	CO
Taim	20-N	17/04/2003	RS	S
Tamoios	101	06/08/2002	RJ	SE
Terra do Meio	123	09/11/2012	PA	N
Tupinambás	64	21/07/2011	SP	SE
Tupiniquins	44	02/04/2012	SP	SE

Fonte: Ministério do Meio Ambiente – Cadastro Nacional de Unidades de Conservação

Tabela 29 – Brasil – Dados sobre florestas nacionais com conselhos gestores, por estado e região, em ordem alfabética – situação em 2020

florestas nacionais	Portarias de criação do conselho	datas	estado / estados	região / regiões
Açu	57	29/08/2008	RN	NE
Altamira	31	14/05/2009	PA	N
Amaná	30	15/05/2009	PA/AM	N
Amapá	100	12/12/2008	AP	N
Anauá	59	08/08/2006	RR	N

florestas nacionais	Portarias de criação do conselho	datas	estado / estados	região / regiões
Araripe-Apodi	43	14/04/2004	CE	NE
Assungui	124	15/12/2010	PR	S
Balata-Tufari	129	17/12/2010	AM	N
Bom Futuro	138	15/12/2014	RO	N
Brasília	3	03/01/2003	DF/GO	CO
Caçador	67	18/06/2014	SC	S
Canela	57	01/06/2004	RS	S
Capão Bonito	3	09/02/2009	SP	SE
Carajás	81	11/12/2003	PA	N
Caxiuanã	25	08/05/2009	PA	N
Chapecó	40	02/04/2008	SC	S
Contendas do Sincorá	46	30/06/2005	BA	NE
Crepori	53	09/05/2012	PA	N
Goytacazes	18	25/10/2007	ES	SE
Humaitá	47	17/06/2010	AM	N
Ibirama	93	06/08/2002	SC	S
Ibura	38	27/08/2015	SE	NE
Ipanema	121	14/09/2001	SP	SE
Irati	152	23/12/2002	PR	S
Iquiri	115	25/10/2012	AM	N
Itaituba 1	70	05/09/2011	PA	N
Itaituba 2	34	15/05/2009	PA	N
Jacundá	40	09/06/2006	RO	N
Jamari	18	11/04/2003	RO	N
Jamanxim	82	06/10/2009	PA	N
Jatuarama	47	01/07/2012	AM	N
Lorena	64	30/08/2005	SP	SE
Macauã	2	17/01/2002	AC	N
Mapiá-Inauiní	24	11/03/2010	AM	N
Mário Xavier	173	21/03/2013	RJ	SE
Mulata	21	30/03/2011	PA	N

florestas nacionais	Portarias de criação do conselho	datas	estado / estados	região / regiões
Negreiros	65	24/05/2012	PE	NE
Nísia Floresta	83	22/10/2008	RN	NE
Pacotuba	39	08/06/2006	ES	SE
Palmares	66	12/08/2009	PI	NE
Paraopeba	39	08/06/2006	MG	SE
Passa Quatro	21	02/05/2003	MG	SE
Passo Fundo	76	30/07/2004	RS	S
Pau-Rosa	64	25/05/2012	AM	N
Piraí do Sul	37	23/05/2011	PR	S
Purus	23	11/03/2010	AM	N
Restinga de Cabedelo	11	17/03/2009	PB	NE
Ritápolis	29	22/05/2003	MG	SE
Roraima	109	23/12/2011	RR	N
São Francisco	2	17/01/2002	AC	N
São Francisco de Paula	79	18/08/2004	RS	S
Saracá-Taquera	127	02/10/2002	PA	N
Silvânia	13	19/03/2008	GO	CO
Tapajós	84	29/06/2001	PA	N
Tapirapé-Aquiri	20	20/04/2005	PA	N
Tefé	16	24/02/2011	AM	N
Trairão	32	15/05/2009	PA	N
Três Barras	80	18/11/2005	SC	S

Fonte: Ministério do Meio Ambiente – Cadastro Nacional de Unidades de Conservação

Tabela 30 – Brasil – Dados sobre monumentos naturais federais com conselhos gestores, por estado e região, em ordem alfabética – situação em 2020

monumentos naturais	Portarias de criação do conselho	datas	estado / estados	região / regiões
Arquipélago das Ilhas Cagarras	123	14/12/2010	RJ	SE
Rio São Francisco	29	07/05/2015	BA/SE/AL	NE

Fonte: Ministério do Meio Ambiente – Cadastro Nacional de Unidades de Conservação

Tabela 31 – Brasil – Dados sobre reservas extrativistas federais com conselhos gestores, por estado e região, em ordem alfabética – situação em 2020

reservas extrativistas	Portarias de criação do conselho	datas	estado / estados	região / regiões
Acaú-Goiana	113	24/10/2012	PB/PE	NE
Alto Juruá	67	21/07/2011	AC	N
Alto Tarauacá	127	17/12/2010	AC	N
Araí-Peroba (Marinha)	42	13/06/2007	PA	N
Arapixi	42	21/05/2010	AM	N
Arióca Pruanã	83	09/07/2012	PA	N
Arraial do Cabo (Marinha)	77	27/08/2010	RJ	SE
Auatí-Paraná	94	21/11/2008	AM	N
Baia de Iguapé (Marinha)	83	16/10/2009	BA	NE
Baixo Juruá	85	05/11/2008	AM	N
Barreiro das Antas	12	06/02/2008	RO	N
Batoque	66	02/06/2012	CE	NE
Caeté-Taperaçu (Marinha)	17	25/10/2007	PA	N
Canavieiras	71	04/09/2009	BA	NE
Cassurubá	54	09/05/2012	BA	NE
Cazumbá-Iracema	25	10/03/2006	AC	N
Chapada Limpa	29	17/05/2011	MA	NE
Chocoaré-Mato Grosso	16	25/10/2007	PA	N
Chico Mendes	28/03	22/05/2003	AC	N
Ciriaco	66/04	06/07/2004	MA	NE
Corumbau (Marinha)	57	28/07/2006	BA	NE
Cururupu	35	23/05/2011	MA	NE
Delta do Parnaíba (Marinha)	36	21/05/2008	MA/PI	NE
Extremo Norte do Estado do Tocantins	34	20/05/2011	TO	N
Gurupá-Melgaço	77	21/09/2011	PA	N
Gurupi-Piriá (Marinha)	3	01/02/2008	PA	N
Ipaú-Anilzinho	111	04/11/2010	PA	N
Ituxí	113	05/11/2010	AM	N

reservas extrativistas	Portarias de criação do conselho	datas	estado / estados	região / regiões
Lagoa do Jequiá (Marinha)	73	02/09/2011	AL	NE
Lago do Capanã Grande	21	14/03/2007	AM	N
Lago do Cedro	2	06/01/2012	GO	CO
Lago do Cuniã	42	21/06/2006	RO	N
Mãe Grande do Curuçá	24	10/03/2006	PA	N
Mandira	61	29/07/2010	SP	SE
Mapuá	39	26/06/2008	PA	N
Mata Grande	182	09/07/2012	MA	NE
Médio Juruá	10	29/01/2007	AM	N
Médio Purús	112	05/11/2010	AM	N
Pirajubaé (Marinha)	113	26/12/2011	SC	S
Prainha do Canto Verde	125	14/12/2010	CE	NE
Quilombo do Flexal	72	05/09/2011	MA	NE
Recanto das Araras de Terra Ronca	112	24/10/2012	GO	CO
Renascer	201	03/07/2013	PA	N
Rio Cajari	12	08/02/2006	AP	N
Rio do Cautário	49	12/06/2009	RO	N
Rio Iriri	14	06/02/2008	PA	N
Rio Jutaí	56	28/07/2006	AM	N
Rio Ouro Preto	87	23/11/2006	RO	N
Rio Unini	87	10/11/2009	AM	N
Rio Xingu	59	29/07/2010	PA	N
Riozinho do Anfrísio	13	06/02/2008	PA	N
Riozinho da Liberdade	101	10/09/2012	AC	N
São João da Ponta	11	06/02/2007	PA	N
Soure	76/03-N	26/11/2003	PA	N
Tapajós-Arapiuns	50/04-N	10/05/2004	PA	N
Terra Grande Pracuúba	51	23/04/2012	PA	N
Tracuateua (Marinha)	21	21/11/2007	PA	N
Verde para Sempre	1	06/02/2009	PA	N

Fonte: Ministério do Meio Ambiente – Cadastro Nacional de Unidades de Conservação

Tabela 32 – Brasil – Dados sobre refúgios de vida silvestre federais com conselhos gestores, por estado e região, em ordem alfabética – situação em 2020

refúgios de vida silvestre	Portarias de criação do conselho	datas	estado / estados	região / regiões
Arquipélago de Alcatrazes	107	06/12/2016	SP	SE
Boa Nova	39	28/08/2015	BA	NE
Campos de Palmas	36	23/05/2011	PR	S
Ilha dos Lobos	101	10/11/2016	RS	S
Rio dos Frades	68	25/07/2011	BA	NE
Santa Cruz	117	23/11/2010	ES	SE
Uma	186	16/03/2017	BA	NE

Fonte: Ministério do Meio Ambiente – Cadastro Nacional de Unidades de Conservação

Tabela 33 – Brasil – Dados sobre reservas de desenvolvimento sustentável federais com conselhos gestores, por estado e região, em ordem alfabética – situação em 2020

reservas de desenvolvimento sustentável	Portaria de criação do conselho	data	estado / estados	região / regiões
Itapuã-Baquiá	46	08/06/2009	PA	N
Nascentes Geraizeiras	529	14/08/2017	MG	SE

Fonte: Ministério do Meio Ambiente – Cadastro Nacional de Unidades de Conservação

Tabela 34 – Brasil – Dados sobre áreas de relevante interesse ecológico federais com conselhos gestores, por estado e região, em ordem alfabética – situação em 2020

áreas de relevante interesse ecológico	Portarias de criação do conselho	datas	estado / estados	região / regiões
Floresta da Cicuta	19	15/03/2007	RJ	SE
Ilhas da Queimada Pequena e da Queimada Grande	59	15/05/2012	SP	SE
Manguezais da Foz do Rio Mamanguape	185	02/05/2013	PB	NE
Mata de Santa Genebra	135	16/12/2014	SP	SE
Matão de Cosmópolis	109	18/10/2012	SP	SE

áreas de relevante interesse ecológico	Portarias de criação do conselho	datas	estado / estados	região / regiões
Projeto Dinâmica Biológica de Fragmentos Florestais	37	21/07/2015	AM	N
Serra da Abelha	50	26/10/2015	SC	S

Fonte: Ministério do Meio Ambiente – Cadastro Nacional de Unidades de Conservação

Conforme mencionado, os conselhos gestores, apesar de relativamente numerosos e razoavelmente bem distribuídos por regiões e estados, são um aspecto ainda recente do panorama da gestão de UCs no Brasil. Os conselhos mais antigos previstos na Lei do SNUC foram instalados em 2001. A Tabela 35, a seguir, contém os números de conselhos de acordo com os seus anos ou períodos de instalação

Tabela 35 – Brasil – Números e percentagens de conselhos gestores de unidades de conservação federais, listados de acordo com os anos ou período de instalação, 2001-2017 (N = 277)

anos ou período	números de conselhos criados	percentagens dos conselhos existentes em 2020 (%)
2001	12	4,33
2002	27	9,74
2003	12	4,33
2004	18	6,49
2005	10	3,61
2006	22	7,94
2007	11	3,97
2008	22	7,94
2009	18	6,49
2010	28	10,10
2011	30	10,83
2012	30	10,83
2013	8	2,88
2014	12	4,33
2015	8	2,88

anos ou período	números de conselhos criados	percentagens dos conselhos existentes em 2020 (%)
2016 - 2017	9	3,24
totais	277	100,0

Fonte: Ministério do Meio Ambiente – Cadastro Nacional de Unidades de Conservação

Os dados não permitem examinar de forma sistemática se existe uma correlação entre a formação de conselhos gestores e a aplicação de planos de manejo. No entanto, com base no nosso conhecimento de alguns casos isolados, essa hipótese merece ser investigada. Da mesma forma, sabemos que os conselhos de algumas unidades nasceram antes da Lei do SNUC, constituindo experiências precoces de participação ampliada na gestão de UCs.

Nesse particular, três casos pertinentes a investigar em estudos "verticais" seriam os dos PARNAs de Chapada dos Veadeiros, Itatiaia e Tijuca. O primeiro se notabilizou nos anos 1990, pelo pioneiro aproveitamento de ex-garimpeiros e outros moradores locais como guias de visitantes; alguns deles continuaram nessa atividade por muitos anos. Itatiaia e Tijuca, em 1997-1998, foram objetos do trabalho de duas equipes multidisciplinares de consultores, financiadas com recursos do FUNBIO. Entre outros pontos, as duas equipes foram incumbidas de propor esquemas de gestão compartilhada a serem adotados pelas duas unidades.[81]

Ainda no tocante à existência de conselhos, vale a pena examinar separadamente de novo as RESEXs. A sua própria criação depende da existência e da organização de comunidades usuárias de recursos naturais locais, a quem são feitas as concessões de uso sustentável desses recursos. Nesses casos, a questão da existência de conselhos é distinta, pois cada RESEX supõe a existência prévia de uma organização comunitária titular dos direitos de uso dos recursos e corresponsável pela gestão da unidade. Comparados a outras categorias de UCs, os conselhos gestores das RESEXs são um tanto "redundantes" (isso não quer dizer que elas sejam inúteis ou indesejáveis). Significativamente, os dados registram que uma elevada percentagem (89,39%) das RESEXs (59 de 66) implantou formalmente os seus conselhos gestores.

[81] Ver: DRUMMOND, José Augusto; CRESPO, Samyra. O Parque Nacional da Tijuca – contribuição para a gestão compartilhada de uma unidade de conservação urbana. *Série Comunicações do ISER*, 54, ano 19 (2000). Esse texto é um resumo do relatório de consultoria da equipe do FUNBIO referente ao PARNA Tijuca, contendo a proposta de um esquema de gestão compartilhada. O mesmo relatório contém ainda breves descrições de experiências de gestão compartilhada anteriores a 2000, em 15 outras UCs brasileiras (PARNAs, REBIOs, ESECs, parques estaduais etc.). O texto está disponível em: https://www.academia.edu/3385316/O_Parque_Nacional_da_Tijuca_contribução_para_a_gestão_compartilhada_de_uma_unidade_de_conservação_urbana. Acesso em: 26 abr. 2024.

Infraestrutura das unidades de conservação federais

Planos de manejo e conselhos gestores são instrumentos fundamentais para garantir uma gestão eficaz e participativa das UCs, permitindo que elas cumpram os seus objetivos e que os mais diversos setores da sociedade as avaliem e valorizem. Outro componente importante que estimula o trabalho das equipes de gestores e o apoio da sociedade às UCs é a existência de infraestrutura mínima. Mesmo as UCs que não permitem a visitação pública regular devem cumprir funções relacionadas com educação ambiental, proteção e restauração ambiental e pesquisa científica, as quais exigem prédios, equipamentos, instalações de energia e comunicação, veículos e materiais diversos.

A situação geral de infraestrutura das UCs federais brasileiras é resumida pelos dados constantes da Tabela 36. O ICMBio classifica a infraestrutura das UCs com base em um conjunto limitado de informações agrupadas. Isso gera uma classificação tripartite, pouco refinada. A classe "**avançada**" indica unidades que contam com infraestrutura que inclui sede muito bem-equipada, dois centros de visitantes, portaria estruturada, garagem, alojamentos para brigadistas e pesquisadores, veículos de serviço, casas para funcionários, *camping*, trilhas, laboratórios etc. A classe "**média**" significa que a infraestrutura é incompleta, abrangendo uma sede, um centro de visitantes, garagem, pequeno alojamento, guarita etc. Por último, "**insuficiente**" indica que a unidade conta com apenas alguns itens, como portaria, uma pequena sede, uma guarita etc. Os dados sintéticos incluídos na Tabela 36 exigiram uma trabalhosa leitura dos dados de cadastro de cada UC constante do CNUC e a nossa avaliação da infraestrutura de cada uma, de acordo com as três classes mencionadas.

Tabela 36 – Infraestrutura das unidades de conservação federais – situação em 2020 (*)

situação da infraestrutura	número de UCs
avançada	6
média	39
insuficiente	131
nenhuma	63
não informada	95
total	334

* Excluídos dados referentes às RPPNs.

Fonte: Ministério do Meio Ambiente/Cadastro Nacional das Unidades de Conservação

Apenas seis UCs contavam, em 2020, com infraestrutura "avançada". Estas seis unidades, somadas com as 39 dotadas de instalações "médias", totalizam 45, que, juntas, correspondem a apenas 13,47% das 334 unidades; 131 (39,22% de 334) unidades tinham infraestrutura "insuficiente". Impressionam negativamente o grande número de unidades – 63 de 334 (18,9% de 334) – sem infraestrutura e o número ainda maior (95, ou 28,44% de 334) para as quais não consta informação. Essas cifras indicam insucesso na missão de dotar as UCs de infraestrutura adequada. Tal como outros itens – pessoal alocado, regularização fundiária etc. –, o caráter rarefeito da infraestrutura das UCs federais é consequência, entre outras coisas, de uma conhecida preferência dos órgãos gestores e dos tomadores de decisão pela criação de novas unidades, em detrimento da consolidação das existentes.

Visitação das unidades de conservação federais

A visitação pública a certas categorias de UCs é um aspecto sempre enfatizado para defender a sua criação, a sua legitimidade e os serviços que elas podem prestar às comunidades locais, regionais, nacionais ou internacionais. Desde que existem áreas protegidas, no mundo e no Brasil, a visitação a elas foi sistematicamente citada como justificativa para a sua criação e como missão para os seus gestores. De fato, a visitação responde aos interesses de um público que quer conhecer e usufruir dos aspectos naturais de uma área, seja na sua própria região, seja numa região distante ou diferente. Muitos observadores sustentam que a visitação também ajuda a formar uma consciência e uma corrente de opinião a favor das UCs, em particular, e da noção mais ampla de conservação da natureza. Além disso, a visitação, quando ocorre em números expressivos e é bem gerenciada, pode ser importante fonte de receitas para a manutenção das UCs e ajudar a dar dinamismo a alguns setores das economias locais.

Infelizmente, os dados agregados sobre visitação atualmente disponíveis nas bases consultadas são poucos e não favorecem uma análise que cubra os 20 anos do SNUC.[82] Encontramos uma única série de dados que cobre quase integralmente esses 20 anos. De acordo esses dados, reunidos na Tabela 37, válidos para o período 2000-2019, cerca de 92 milhões de pessoas visitaram os PARNAs brasileiros – uma média de cerca de 4,6 milhões de visitantes por ano.

[82] No livro que publicamos em 2005, em contraste, usamos dados relativamente abundantes sobre a visitação às UCs constantes no recém-criado CNUC. Ver: DRUMMOND; FRANCO; NINIS, 2005.

Tabela 37 – Brasil – Números de visitantes registrados nos parques nacionais do Brasil, 2000-2019

ano	números de visitantes
2000	1.398.718
2001	1.590.618
2002	1.765.770
2003	1.944.672
2004	2.673.284
2005	2.909.812
2006	1.802.010
2007	2.997.450
2008	3.383.794
2009	3.914.709
2010	3.990.658
2011	4.781.139
2012	5.431.319
2013	5.951.642
2014	6.594.870
2015	7.149.112
2016	7.031.211
2017	8.646.253
2018	8.749.840
2019	9.772.905
total	92.479.786

* Excluídos dados referentes às RPPNs.
Fonte: Instituto Chico Mendes de Conservação da Biodiversidade

Os dados, da maneira que estão disponibilizados, infelizmente não indicam as cifras individuais referentes a cada unidade, nem quantos PARNAs estiveram abertos à visitação pública a cada ano. Isso é relevante porque o ICMBio tem mantido números variáveis dos PARNAs fechados à visitação pública, por períodos variados e por motivos diferentes – falta de funcionários, falta de infraestrutura, obras, incêndios etc. Por exemplo, em meados de 2020, o ICMBio noticiava que 49 dos 74 PARNAs estavam fechados à visitação. Alguns PARNAs fechados admitem o ingresso de pesquisadores individuais ou em pequenos grupos autorizados. No entanto, eles não se qualificam como visitantes comuns.

As cifras da Tabela 37 revelam uma tendência geral de crescimento dos números de visitantes aos PARNAs nos últimos 20 anos, embora esse crescimento tenha sido lento. Supondo que uma média de 20 parques nacionais tenham estado abertos à visitação entre 2000 e 2019, isso indicaria uma média de cerca de 231.199 visitantes anuais por parque (92.479.786 / 20 anos / 20 parques). Como veremos a seguir (Tabela 38), essa cifra fica acima das visitações anuais registradas em 14 dos 20 parques nacionais mais visitados em 2019. Isso indica que alguns poucos parques intensivamente visitados (no caso, Tijuca, Iguaçu e Jericoacoara) puxam fortemente a média para cima.

Explorando mais as cifras da Tabela 37, vamos supor que ocorram 60 dias por ano de fechamento dos PARNAs (segundas-feiras e feriados). Nesse caso, a média anual de 231.199 visitantes em cada parque se traduz na média relativamente magra de 758 visitantes por dia. Levando em conta o grande tamanho da população brasileira e as enormes cifras de visitação pública aos parques de alguns outros países, fica claro que o conjunto de PARNAs brasileiros não sofre com pressões causadas pelo excesso de visitantes (a literatura, por vezes, chama esse problema de "sobre-visitação"). No entanto, alguns poucos PARNAs brasileiros sofrem com os grandes números de visitantes, fato que pode colocar em risco a integridade de seus aspectos naturais e de sua infraestrutura, se não houver esquemas de gestão dos visitantes. Não custa lembrar que mesmo poucas dezenas de visitantes por dia podem causar prejuízos sérios (incêndios, destruição de plantas e animais, pichações, acúmulo de lixo etc.) em PARNAs que não têm pessoal nem infraestrutura para lidar adequadamente com eles.

A única outra série de dados sobre visitação que pudemos aproveitar para este texto dá origem à Tabela 38. Ela lista os 20 PARNAs mais visitados apenas no ano de 2019, o que impede comparações com dados da tabela anterior. É lamentável a falta de cifras em série que registrem a visitação anual a cada PARNA, pois isso abriria várias possibilidades de análise. O PARNA mais visitado em 2019 foi da Tijuca (RJ). É bom lembrar que, há muitos anos, Tijuca e Iguaçu (segundo colocado) fazem parte de roteiros turísticos bem estabelecidos e, por isso, atraem fluxos constantes e numerosos de visitantes nacionais e estrangeiros. Vemos que, em 2019, ocorreu uma forte concentração dos visitantes em apenas três PARNAs: Tijuca, Foz do Iguaçu e Jericoacoara. Eles atraíram 6.297.173 (74,02%) de todos os visitantes.

Tabela 38 – Brasil – Os 20 parques nacionais brasileiros mais visitados em 2019, em ordem decrescente de número de visitantes

classificação	parques nacionais	números de visitantes
1º	Tijuca/RJ	2.953.932
2º	Iguaçu/PR	2.020.358
3º	Jericoacoara/CE	1.322.883
4º	Serra da Bocaina/RJ-SP	697.964
5º	Marinho de Fernando de Noronha/PE	613.259
6º	Brasília/DF	251.521
7º	Serra dos Órgãos/RJ	196.230
8º	Chapada dos Guimarães/MT	183.592
9º	Lençóis Maranhenses/MA	151.786
10º	Restinga de Jurubatiba/RJ	139.276
11º	Aparados da Serra/SC-RS	137.294
12º	Itatiaia/MG-RJ	127.432
13º	Caparaó/ES-MG	123.358
14º	Serra da Canastra/MG	101.526
15º	Campos Gerais/PR	92.615
16º	Ubajara/CE	90.707
17º	Serra Geral/SC-RS	87.213
18º	Serra do Cipó/MG	85.330
19º	Chapada dos Veadeiros/GO	79.347
20º	São Joaquim/SC	51.449
total		8.507.072

Fonte: Instituto Chico Mendes de Conservação da Biodiversidade

Examinemos essa distribuição dos PARNAs mais visitados em 2019 em termos de idade e localização regional. Infelizmente, não há como afirmar que a distribuição mostrada na Tabela 38 seja estável ou passageira, pois os dados se referem a um único ano. No entanto, chama a atenção que os três PARNAs mais antigos (Itatiaia, Iguaçu e Serra dos Órgãos) estejam tão bem colocados. Várias unidades da segunda "geração" de PARNAs (criados em 1959-1961), como o próprio Tijuca e Brasília, Ubajara, Aparados da Serra e São Joaquim, também comparecem na lista. Chapada dos Guimarães e Jericoacoara, criados em 1989 e 2002, respectivamente, são unidades bem mais jovens presentes na lista. Em termos regionais, os PARNAs mais visitados se localizam de forma marcadamente dispersa – cinco no Sul, três no Centro-Oeste, quatro no Nordeste e oito no Sudeste. Porém, uma ausência chama a atenção: não há um único parque do Norte (ou amazônico) na lista dos mais visitados. Mesmo levando em conta essa ausência, vemos que os PARNAs brasileiros mais visitados se espalham por diferentes "gerações" e por quatro das cinco regiões do país.

Por outro lado, dois aspectos recorrentes aparecem nessa mesma lista de PARNAs mais visitados de 2019. O primeiro é a localização litorânea ou quase litorânea de alguns deles, ou seja, eles permitem acessar praias oceânicas ou combinar visitas aos parques com visitas a praias. Os litorâneos Lençóis Maranhenses e Jericoacoara e o Marinho de Fernando de Noronha são os mais óbvios quanto a esse aspecto, mas os serranos Serra dos Órgãos e Tijuca também fazem parte do grupo por causa da sua proximidade de praias. Nesses casos, a preferência de muitos brasileiros pelas oportunidades de lazer em praias oceânicas pode ajudar a angariar visitantes para esses PARNAs. O segundo aspecto recorrente é a proximidade de muitos parques bem visitados de grandes centros urbanos, origem provável de grande parte de seus visitantes. É o caso de Tijuca, Itatiaia, Serra dos Órgãos, Ubajara, Brasília, Jericoacoara, Aparados da Serra, São Joaquim e Chapada dos Guimarães. Ou seja, em 2019, parece haver uma continuidade da correlação positiva entre as altas cifras de visitação aos PARNAs e a sua proximidade de grandes centros urbanos. Em contraste, não há na lista dos mais visitados um único parque distante de grandes centros ou de difícil acesso.

6

UNIDADES DE CONSERVAÇÃO FEDERAIS GERIDAS PELA INICIATIVA PRIVADA – AS RESERVAS PARTICULARES DO PATRIMÔNIO NATURAL (RPPNS)

Durante as últimas três décadas, o Brasil viu nascer uma ampla rede de UCs geridas pela iniciativa privada – proprietários particulares de terras, empresas e organizações não governamentais. Essas UCs são as reservas particulares do patrimônio natural – RPPNs, previstas pelas Lei do SNUC, mas que começaram a ser criadas antes de 2000. Elas têm características comuns que merecem menção:

i. a sua criação deriva da iniciativa de seus proprietários;

ii. elas contribuem para a preservação e recuperação da natureza em terras particulares; e

iii. algumas são bem conhecidas por apoiar pesquisas científicas, manejar espécies, promover o ecoturismo e se engajar em atividades de educação ambiental.

Cabe comentar exemplos da visibilidade mais do que local alcançada por algumas RPPNs. É o caso A RPPN Fazenda Bulcão, criada em 2001, pelo famoso fotógrafo Sebastião Salgado e a sua esposa Lélia Deluiz Wanick Salgado, no município mineiro de Aimorés. O casal usa a RPPN como sede do Instituto Terra, criado por eles em 1998. Além de atividades de educação ambiental junto a escolares, comunidades, prefeituras e fazendeiros da região, marcada pelo radical desmatamento da Mata Atlântica, a equipe da RRPN coordena ações de recomposição da floresta e de recuperação de mananciais; mantém ainda convênios com entidades de pesquisa do Brasil e do exterior. O terreno da própria RPPN é, desde 1999, alvo de um trabalhoso processo de recuperação ambiental, com o plantio de milhares de mudas de espécies nativas do bioma e a restauração de nascentes.[83]

[83] Ver textos e imagens sobre essa RPPN em: https://institutoterra.org/. Acesso em: 26 abr. 2024.

Outro exemplo de impacto de RPPNs é o da RPPN Feliciano Miguel Abdala (Caratinga, Minas Gerais), criada em 2001. Ela consolidou décadas de proteção de um importante remanescente da Mata Atlântica e da fauna local. Esse trabalho ocorreu por iniciativa particular de Abdala (1908-2000), proprietário da fazenda que sedia a RPPN. A unidade ganhou notoriedade nacional e internacional pelos trabalhos de estudo e proteção do mono-carvoeiro ou muriqui (*Brachyteles hypoxanthus*), o maior primata das Américas, mas a unidade dá apoio também a numerosos pesquisadores da flora e da fauna e recebe visitantes brasileiros e estrangeiros.[84]

As RPPNs existem oficialmente no Brasil desde 1990, formando, portanto, uma das categorias mais novas de UCs. Apesar de relativamente novas e de abrangerem conjuntamente uma área bem modesta (em comparação com as grandes áreas das UCs públicas), pelo menos quatro motivos atestam a importância das RPPNs:

- elas nascem de iniciativas particulares de cidadãos informados sobre a questão da proteção da natureza, em particular, e sobre a conservação ambiental, em geral;
- as ações públicas no campo da conservação ambiental podem ser complementadas e respaldadas pelas iniciativas dos cidadãos, das empresas e de organizações não governamentais;
- tais iniciativas podem ter um saudável efeito-demonstração em nível local e regional, ajudando a impulsionar outras práticas e políticas de conservação da natureza – cultivo agroflorestal, adoção de tecnologias agropecuárias e industriais menos impactantes, proteção da flora e da fauna nativas, respeito e recuperação de APPs e RLs etc.;
- é plausível supor que existem, pelo Brasil afora, numerosos proprietários de terras dispostos a criar RPPNs em suas propriedades, o que ampliaria o seu número e a sua área conjunta;
- as RPPNs podem cumprir papéis importantes na formação de corredores ecológicos, zonas de amortecimento e mosaicos de áreas protegidas.

A criação de RPPNs segue os seguintes passos. Proprietários de terras propõem espontaneamente que o ICMBio – ou o órgão estadual ou municipal de meio ambiente – ateste que as suas propriedades, ou partes delas, têm

[84] Ver mais informações e imagens dessa RPPN em: https://www.preservemuriqui.org.br/a-reserva. Acesso em: 26 abr. 2024.

valor para a conservação ambiental. O órgão competente recebe o pedido, realiza uma inspeção in loco da área, estima o seu valor para a conservação, confere a documentação fundiária e registra a área informada em um Sistema de Informação Geográfica – SIG. Uma vez aprovada tecnicamente a área, o órgão exige que o proprietário inscreva a reserva em cartório como parte inalienável de sua propriedade. Isso significa que ela terá que ser mantida por herdeiros e compradores. Feita a inscrição em cartório, o órgão competente edita uma portaria que cria oficialmente a RPPN. Isso permite que o proprietário deixe de pagar o imposto territorial rural (ITR) sobre a parcela transformada em UC. Em alguns casos, os procedimentos se iniciam de outra forma: uma ONG, uma empresa ou um cidadão compra uma propriedade rural já com a intenção de transformá-la em RPPN e, a partir daí, segue os trâmites mencionados.

Três fatos importantes concorreram para a consolidação da categoria de RPPNs: primeiro, a edição do Decreto n.º 1.992, de 5 de junho de 1996, que regularizou as RPPNs; segundo, ocorreu, em setembro de 1996, o "I Congresso Brasileiro de RPPNs", em Brasília, que resultou na criação da Rede Nacional de Áreas Particulares Protegidas (RENAPP), atual Confederação Nacional das Reservas Privadas do Patrimônio Natural (CNRPPN),[85] a qual desenvolve um trabalho de integração dos proprietários das RPPNs; terceiro, a Lei do SNUC, de 2000, reconheceu as RPPNs como uma das 12 categorias de UCs.

No início de 2020, havia 670 RPPNs federais reconhecidas pelo Ministério do Meio Ambiente, correspondendo a uma área total de 488.500ha (ver Tabela 39). O tamanho médio dessas 670 RPPNs é de 729,10 hectares.

Tabela 39 – Brasil – Números e áreas conjuntas de reservas particulares do patrimônio natural federais criadas, ano a ano, 1990-2020

ano	RPPNs criadas	áreas conjuntas criadas a cada ano
1990	11	24.391
1991	6	3.024
1992	12	6.936
1993	11	8.506

[85] Ver o site dessa confederação em: https://www.rppn.org.br/indicadores-de-rppns. Acesso em: 26 abr. 2024. Consultar especialmente a lista das centenas de RPPNs no Painel de Indicadores da Confederação Nacional de RPPNs, em: https://lookerstudio.google.com/u/0/reporting/0B_Gpf05aV2RrNHRvR3kwX2ppSUE/page/J7k. Acesso em: 26 abr. 2024. Essa lista contém 1.862 RPPNs, pois inclui as federais, estaduais e municipais.

ano	RPPNs criadas	áreas conjuntas criadas a cada ano
1994	23	33.032
1995	12	4.077
1996	14	4.967
1997	45	119.603
1998	46	76.988
1999	58	6.937
2000	44	29.093
2001	74	23.801
2002	46	73.081
2003	2	52
2004	17	8.475
2005	15	3.482
2006	5	518
2007	30	2.003
2008	39	23.561
2009	32	12.009
2010	25	4.127
2011	23	11.319
2012	20	1.608
2013	21	1.423
2014	10	745
2015	-----	-----
2016	16	4.226
2017	7	218
2018	7	317
2019	-----	-----
2020	-----	-----
totais	670	488.519

Fonte: Ministério do Meio Ambiente – Cadastro Nacional de Unidades de Conservação

Os dados da Tabela 39 mostram que os anos de 1997 até 2002 registraram o maior pico de criação de RPPNs federais – talvez como consequência da regularização das RPPNs em 1996 e da Lei do SNUC. Nesses seis anos, foram criadas 313 (46,71%) dessas RPPNs. O ano de 2001 foi o que registrou a criação do maior número de RPPNs (74), embora a maior quantidade de área protegida (119.603 hectares, soma de 45 unidades) pertença a 1997. Em 2003 e em alguns anos seguintes, ocorreu uma forte queda no número de RPPNs federais criadas. Segundo casos de nosso conhecimento, isso talvez tenha sido causado por exigências mais rigorosas que o IBAMA adotou para o reconhecimento delas. A partir de 2007, cresceram os números de novas RPPNs, com exceção de 2015, 2019 e 2020, quando nenhuma foi criada.

A Tabela 40 apresenta os dados relativos ao número e à superfície protegida pelas RPPNs federais nas diversas regiões do país. A Região Sudeste é a que tem o maior número de RPPNs (210), seguida pelo Nordeste (201) e pelo Sul (114). Quando consideramos a área conjunta protegida, a situação muda – a Região Centro-Oeste aparece com a maior quantidade de área protegida por RPPNs federais, seguida pelo Nordeste e pelo Sudeste. As Regiões Centro-Oeste e Norte são as que apresentam menor número de RPPNs; as Regiões Sul e Norte têm as menores percentagens de áreas protegidas por RPPNs.

Tabela 40 – Brasil – Distribuição dos números e das áreas das reservas particulares do patrimônio natural federais, por região – situação em fins de 2020

regiões	números de RPPNs	% do número total de RPPNs em 2020	áreas conjuntas das RPPNs (ha)	% da área conjunta total de RPPNs em 2020
Centro-Oeste	97	14,48	295.478	60,48
Nordeste	201	30,01	85.043	17,41
Norte	48	7,16	23.662	4,84
Sudeste	210	31,34	44.435	9,10
Sul	114	17,01	39.890	8,17
totais	670	100	488.508	100

Fonte: Ministério do Meio Ambiente – Cadastro Nacional de Unidades de Conservação

Outro aspecto que merece análise é o da distribuição das RPPNs federais pelos estados da federação. Os dados da Tabela 41 mostram que existem RPPNs em todos os estados brasileiros. O estado que mais tem RPPNs federais é a Bahia (107), seguido por Minas Gerais (90), Santa Catarina (66), Rio de Janeiro (65) e Goiás (61). Esses cinco estados, em conjunto, abrigam mais da metade (58,06%) de todas as RPPNs federais, caracterizando um grau relativamente forte de concentração em termos do número de unidades. O Acre tem apenas uma RPPN, e com área bem pequena.

Tabela 41 – Brasil – Distribuição dos números e das áreas das reservas particulares do patrimônio natural federais, por Estado, em ordem alfabética dos estados – situação em fins de 2020 (ha)

UF	números de RPPNs nos estados	% do número total de RPPNs em 2020	áreas conjuntas das RPPNs nos estados	percentagem da área conjunta total das RPPNs em 2020
AC	1	0,15	38	0,008
AL	7	1,04	612	0,12
AM	14	2,09	901	0,18
AP	5	0,75	10.114	2,07
BA	107	15,97	47.192	9,66
CE	34	5,07	12.017	2,46
DF	5	0,75	142	0,03
ES	10	1,49	644	0,13
GO	61	9,10	36.386	7,49
MA	12	1,79	3.830	0,78
MG	90	13,43	33.426	6,84
MS	16	2,39	85.967	17,60
MT	15	2,24	172.983	35,41
PA	6	0,90	2.838	0,58
PB	9	1,34	6.659	1,36
PE	12	1,79	3.468	0,71
PI	6	0,90	6.254	1,28
PR	17	2,54	7.938	1,62
RJ	65	9,70	5.850	1,20
RN	6	0,90	3.613	0,74
RO	9	1,34	3.291	0,67
RR	3	0,45	1.048	0,21
RS	31	4,63	1.678	0,34
SC	66	9,85	30.274	6,20

UF	números de RPPNs nos estados	% do número total de RPPNs em 2020	áreas conjuntas das RPPNs nos estados	percentagem da área conjunta total das RPPNs em 2020
SE	8	1,20	1.398	0,29
SP	45	6,72	4.325	0,89
TO	10	1,48	5.432	1,11
totais	670	100	488.508	100

Fonte: Ministério do Meio Ambiente – Cadastro Nacional de Unidades de Conservação

No que diz respeito à superfície, Mato Grosso é o campeão das RPPNs federais, com 172.983ha. Somados aos 85.967ha de Mato Grosso do Sul, vemos que os dois estados detêm mais da metade de toda a área protegida por RPPNs federais (54,06%), configurando uma forte concentração, distinta da concentração que registramos antes, quanto ao número de unidades (nos estados da Bahia, Minas Gerais, Santa Catarina, Rio de Janeiro e Goiás). Essa concentração de área acumulada se fortalece ainda mais quando acrescentamos ao Mato Grosso e Mato Grosso do Sul os seis estados seguintes com mais áreas de RPPNs (Bahia, Goiás, Minas Gerais, Santa Catarina, Ceará e Amapá) – esses oito estados detêm, sozinhos, 87,69% de toda a área protegida por RPPNs federais.

Uma outra constatação é a concentração da área protegida por RPPNs em um número pequeno de unidades. Das 670 RPPNs federais, 45 (6,78%), todas com superfície acima de 2.000ha, concentram 78% da área total delas. Os dados que atestam isso constam na Tabela 42.

Tabela 42 – Brasil – As 45 reservas particulares do patrimônio natural federais maiores que 2.000ha, em ordem decrescente de área – situação em 2020

nomes das RPPNs	estados	áreas
Estância Ecológica Sesc – Pantanal	MT	49.486
Estância Ecológica Sesc – Pantanal	MT	38.386
Reserva Jubran	MT	35.531
Fazenda Estância Dorochê	MT	26.518
Fazenda Penha	MS	26.300
Fazenda Lageado	MS	12.552
Engenheiro Eliezer Batista	MS	12.610

nomes das RPPNs	estados	áreas
Reserva Ecológica Verde Amazônia	MT	10.651
Santuário Caraça	MG	10.188
Seringal Triunfo	AP	9.996
Fazendinha	MS	9.619
Tombador	GO	8.717
Paculândia	MS	8.232
Fazenda Campo Alegre	GO	7.501
Emílio Einsfeld Filho	SC	6.313
Reserva Estação Veracel	BA	6.069
Estância Caiman	MS	5.512
Parque Ecológico Artex	SC	5.296
Iguaçu I	PR	5.151
Marvão	PI	5.097
Reserva Ecológica América Amazônia	MT	4.943
Fazenda Boa Ventura	BA	4.750
Reserva Serra Das Almas	CE	4.750
Caetezal	SC	4.614
Fazenda Santa Helena	MS	4.295
Fazenda Ressaca	MG	4.055
Grande Floresta das Araucárias	SC	4.019
Itaguari	BA	4.000
Parque Ecológico João Basso	MT	3.625
Fazenda Almas	PB	3.505
Área de Proteção do Reservatório de Juramento	MG	3.108
Fazenda Retiro	BA	3.000
Fazenda Vereda Grande S/A	MG	2.995
Pontal do Jaburu	GO	2.904
Bico do Javaés	TO	2.761
Unidade de Conservação de Galheiros	MG	2.695
Flor do Cerrado III	GO	2.626
Fazenda Olho d'água do Urucu	CE	2.610
Veredas do Pratudinho	BA	2.238
Fazenda Palmeiras	GO	2.178

nomes das RPPNs	estados	áreas
Fazenda Santo Antônio do Pindaré, Barra da Jurema	MA	2.152
Mata Estrela	RN	2.040
Fazenda Boa Vista	BA	2.000
Fazenda Arara Azul	MS	2.000
Nadir Júnior	PA	2.000
total	-----	379.588

Fonte: Ministério do Meio Ambiente – Cadastro Nacional de Unidades de Conservação

7

UNIDADES DE CONSERVAÇÃO FEDERAIS DO SISTEMA COSTEIRO-MARINHO[86]

Para entender a presença de UCs no **Sistema Costeiro-Marinho**, é necessário conhecer alguns conceitos e cifras. A consulta à Figura 1 pode facilitar o entendimento dessa enorme parcela da geografia brasileira.

O **Sistema Costeiro-Marinho** brasileiro é análogo aos nossos biomas terrestres ou continentais, mas, por motivos de conceituação científica, ele não é chamado de bioma. Ele tem três componentes, descritos a seguir:

i. **a linha costeira**: o território do Brasil é demarcado a leste por uma longa linha costeira, onde a terra se defronta com o Oceano Atlântico. Essa linha, uma das mais longas do mundo vinculadas a países soberanos, mede cerca de **7.600km**, mas alcança perto de **8.500km,** se contarmos os perímetros internos das baías;

ii. **o mar territorial brasileiro** é uma faixa contínua com largura de 12 milhas náuticas (cerca de 22km) que segue toda essa linha costeira. A sua largura é medida a partir da "linha de baixa-mar" (a linha mais baixa das marés baixas de cada trecho). Para todos os efeitos, o estado brasileiro tem soberania sobre ela. Esse mar territorial tem uma área aproximada de **16.720.000ha** (7.600km x 22km);

iii. **a Zona Econômica Exclusiva** (ZEE). A ZEE é uma faixa de água cuja franja interior coincide com a franja exterior do mar territorial; a sua franja exterior fica a uma distância de 200 milhas náuticas (370km) do litoral. A leste dessa franja exterior, começam as **águas internacionais**. Na ZEE, o Brasil tem direitos especiais (mas não soberanos) sobre a exploração dos recursos marinhos. As cifras sobre a enorme área da ZEE brasileira (incluindo o mar territorial) variam. A mais conservadora é de **360 milhões de hectares**, mas ela pode chegar a **450 milhões de hectares**, se a

[86] Nas bases de dados que usamos, o Sistema Costeiro-Marinho é, por vezes, chamado de Bioma Costeiro-Marinho, ou Zona Costeira-Marinha, ou Zona Costeira e Marítima. Nós optamos por usar apenas Sistema Costeiro-Marinho.

Comissão de Limites da ONU aceitar a reivindicação brasileira de ampliar a sua plataforma continental. Nesse caso, os entornos das ilhas ou arquipélagos do Atlântico Sul (o Arquipélago de São Pedro e São Paulo, o Arquipélago de Fernando de Noronha, o Atol das Rocas e as Ilhas de Trindade e Martim Vaz) ampliariam a área da ZEE brasileira até os mencionados 450 milhões de hectares.

Na longa linha costeira, nas águas do mar territorial e nas águas da ZEE, ocorre uma enorme variedade de habitats, ecossistemas e formações que merecem proteção. Esses componentes estão sujeitos a processos lagunares, estuarinos, marinhos e oceânicos. Existem estuários, deltas, manguezais, marismas, praias, costões e fundos rochosos, recifes de coral, bancos de algas calcáreas, plataformas arenosas, arrecifes de arenito paralelos à linha de praias, falésias, dunas, cordões arenosos e restingas. Pouco afastadas da linha costeira, há ilhas marítimas e, na ZEE, ilhas oceânicas. A riqueza biológica dos ecossistemas costeiros-marinhos brasileiros aponta para um imenso potencial pesqueiro, biotecnológico e energético que deve ser protegido por UCs e ser alvo de outras políticas públicas de conservação e proteção.

Tal como ocorre nos seis biomas terrestres brasileiros, existem UCs federais no Sistema Costeiro-Marinho. O número de unidades que apuramos é de 41. No entanto, essa cifra é tentativa, pois há casos duvidosos ou duplicados; existem também sobreposições, algumas das quais comentaremos mais adiante. Para chegar a esse número, adotamos um procedimento trabalhoso que usamos em alguns dos outros itens deste texto: consultamos as fichas individuais de dezenas de UCs nas três bases de dados (CNUC, Painel do ICMBio e ISA) que usamos. Fizemos isso porque não encontramos, em qualquer uma delas, uma lista "oficial" ou consolidada de UCs do sistema. Os resultados constam na Tabela 43.

Tabela 43 – Brasil – As 41 unidades de conservação federais localizadas no Sistema Costeiro-Marinho, em ordem cronológica de criação – situação em 2020

UCs	anos de criação	áreas (ha) e biomas (*) (**)	localizações
1. REBIO do Atol das Rocas	1979	36.249 // 100% no Sistema Costeiro-Marinho	RN
2. PARNA dos Lençóis Maranhenses	1981	155.000 // 12,38% no Sistema Costeiro-Marinho; 87,62% no Cerrado	MA

UCs	anos de criação	áreas (ha) e biomas (*) (**)	locali-zações
3. PARNA Marinho dos Abrolhos	1983	87.943 // 100% no Sistema Costeiro-Marinho	BA
4. APA de Cairuçu	1983	32.611 // 2,97% no Sistema Costeiro-Marinho; 97,03% na Mata Atlântica	RJ
5. APA de Piaçabuçu	1983	9.107 // 100% no Sistema Costeiro-Marinho	AL
6. REBIO de Comboios	1984	833 // 100% no Sistema Costeiro-Marinho	ES
7. APA de Cananéia – Iguape – Peruíbe	1984	202.310 // 7,75% no Sistema Costeiro-Marinho; 92,25% na Mata Atlântica	SP
8. APA de Guapimirim	1984	13.891 // 13,65% no Sistema Costeiro-Marinho; 86,35% na Mata Atlântica	RJ
9. APA de Fernando de Noronha-Rocas-São Pedro e São Paulo	1997	154.406 // 100% no Sistema Costeiro-Marinho	PE
10. PARNA Marinho de Fernando de Noronha	1988	10.933 // 100% no Sistema Costeiro-Marinho	PE
11. REBIO de Santa Isabel	1988	2.776 // 100% no Sistema Costeiro-Marinho	SE
12. REBIO Marinha do Arvoredo	1990	17.600 // 100% no Sistema Costeiro-Marinho	SC
13. RESEX Marinha de Pirajubaé	1992	1.444 // 54,93 no Sistema Costeiro-Marinho; 45,07% na Mata Atlântica	SC
14. APA Anhatomirim	1992	3.000 // 78,75% no Sistema Costeiro-Marinho; 21,25% na Mata Atlântica	SC
15. APA Barra do Rio Mamanguape	1993	14.918 // 56,50% no Sistema Costeiro-Marinho; 43,50% na Mata Atlântica	PB
16. APA Delta do Parnaíba	1996	309.594 // 40,00% no Sistema Costeiro-Marinho; 43,10% no Cerrado; 16,90% na Caatinga	PI, MA e CE
17. RESEX Marinha Arraial do Cabo	1997	51.601 // 92,20% no Sistema Costeiro-Marinho; 7,80% na Mata Atlântica	RJ

UCs	anos de criação	áreas (ha) e biomas (*) (**)	locali-zações
18. APA Costa dos Corais	1997	413.563 // 96,59 no Sistema Costeiro-Marinho; 3,41% na Mata Atlântica	PE e AL
19. RESEX Marinha da Baía de Iguape	2000	10.074 // 100% no Sistema Costeiro-Marinho	BA
20. RESEX Marinha do Corumbau	2000	89.500 // 100% no Sistema Costeiro-Marinho	BA
21. RESEX Marinha Delta do Parnaíba	2000	27.022 // 21,89% no Sistema Costeiro-Marinho; 75,79% no Cerrado; 2,32% na Caatinga	PI e MA
22. APA da Baleia Franca	2000	154.867 // 89,97% no Sistema Costeiro-Marinho; 10,03% na Mata Atlântica	SC
23. RESEX Marinha Lagoa do Jequiá	2001	10.204 // 100% no Sistema Costeiro-Marinho	AL
24. RESEX Marinha Soure	2001	27.464 // 12,87% no Sistema Costeiro-Marinho; 87,13% na Amazônia	PA
25. RESEX Marinha Araí-Peroba	2005	62.035 // 43,16% no Sistema Costeiro-Marinho; 56,84% na Amazônia	PA
26. RESEX Marinha Caeté-Taperaçu	2005	41.087 // 60,29% no Sistema Costeiro-Marinho; 39,71% na Amazônia	PA
27. RESEX Marinha Gurupi-Piriá	2005	74.081,00h // 56,16% no Sistema Costeiro-Marinho; 43,84% na Amazônia	PA
28. RESEX Marinha Tracuateua	2005	27.154 // 53,34% no Sistema Costeiro-Marinho; 46,66% na Amazônia	PA
29. RESEX Prainha do Canto Verde	2009	29.805 // 100% no Sistema Costeiro-Marinho	CE
30. MONA das Ilhas Cagarras	2010	523 // 100% no Sistema Costeiro-Marinho	RJ
31. PARNA Marinho da Ilha dos Currais	2013	1.360 // 100% no Sistema Costeiro-Marinho	PR

UCs	anos de criação	áreas (ha) e biomas (*) (**)	locali-zações
32. RESEX Marinha Cuinarana	2014	11.037 // 5,65% no Sistema Costeiro-Marinho; 94,35% na Amazônia	PA
33. RESEX Marinha Mestre Lucindo	2014	26.465 // 43,96% no Sistema Costeiro-Marinho; 56,04% na Amazônia	PA
34. RESEX Marinha Mocapajuba	2014	21.028 // 100% Amazônia	PA
35. MONA do Arquipélago de Trindade e Martim Vaz e Monte Columbia	2018	6.915.566 // 100% no Sistema Costeiro-Marinho	federal
36. MONA do Arquipélago São Pedro e São Paulo	2018	4.726.318 // 100% no Sistema Costeiro-Marinho	federal
37. APA do Arquipélago São Pedro e São Paulo	2018	38.450.194 // 100% no Sistema Costeiro-Marinho	federal
38. RESEX Arapiranga – Tromaí	2018	186.909 // 87,89% no Sistema Costeiro-Marinho; 12,11% na Amazônia	MA
39. RESEX da Baía do Tubarão	2018	223.889 // 77,13% no Sistema Costeiro-Marinho; 15,80% na Amazônia; 7,07% no Cerrado	MA
40. RESEX Itapetininga	2018	16.294 // 26,34% no Sistema Costeiro-Marinho; 77,66% na Amazônia	MA
41. APA do Arquipélago de Trindade e Martim Vaz	2018	40.385.420	federal

* Encontramos imprecisões nas bases consultadas quanto à inclusão de algumas UCs no Sistema Costeiro-Marinho. Em alguns casos, o critério de inclusão adotado parece ser que a UC esteja integralmente (100%) situada no sistema. Em outros casos, qualquer percentagem (inclusive 0%) classifica as UCs como pertencentes a ele. Por isso, acrescentamos, na coluna 3, dados sobre a situação de cada UC em relação ao Sistema Costeiro-Marinho e aos biomas terrestres correspondentes a cada UC (Amazônia, Mata Atlântica, Caatinga ou Cerrado).
** Encontramos algumas discrepâncias entre os dados nas bases usadas sobre áreas das UCs do Sistema Costeiro-Marinho. Nesses casos, adotamos sempre os dados do ICMBio.
Fontes: Ministério do Meio Ambiente – CNUC; ICMBio – Painel Dinâmico de Informações (http://qv.icmbio.gov.br/QvAJAXZfc/opendoc2.htm?document=painel_corporativo_6476.qvw&host=Local&anonymous=true); Instituto Socioambiental (ISA) – Unidades de Conservação no Brasil (https://uc.socioambiental.org/pt-br)

Os dados da primeira coluna da Tabela 43 mostram, em primeiro lugar, que nem todas as categorias de UCs comparecem no Sistema Costeiro-Marinho – há apenas PARNAs, MNs, APAs, RESEXs e REBIOs. A categoria majoritária é a das RESEXs (18 de 41), quase todas envolvendo uma ou mais comunidades de pescadores e extrativistas. Em seguida, vêm as APAs (12), algumas delas englobando outras UCs do sistema e as porções delas localizadas nos biomas terrestres.[87]

Em segundo lugar, os dados da quarta coluna da Tabela 43 mostram que as UCs do Sistema Costeiro-Marinho têm uma distribuição ampla ao longo da faixa litorânea brasileira. Elas afetam os territórios ou estão dentro limites territoriais de 14 dos 17 estados litorâneos do Brasil. As três exceções são Amapá, Paraná e Rio Grande do Sul. O Pará é o estado que mais comparece na tabela (oito vezes), seguido de Maranhão (seis). Além do Maranhão, numerosas UCs dessa série estão localizadas em todos os demais estados nordestinos. A distribuição de todas essas UCs nada tem de concentrada, portanto.

O terceiro ponto se refere à própria classificação dessas UCs como pertencentes ao Sistema Marinho-Costeiro. A terceira coluna da Tabela 43 traz dados que revelam que as áreas de, pelo menos, 22 UCs do Sistema Costeiro-Marinho contêm também percentagens variadas dos biomas terrestres adjacentes (principalmente Mata Atlântica, mas também Amazônia, Cerrado e Caatinga). As outras 19 UCs da tabela são dadas como pertencentes em 100% ao Sistema Costeiro-Marinho. Curiosamente, uma UC da série (a RESEX Marinha Mocapajuba), apesar do nome, é dada como pertencente em 100% ao Bioma Amazônia.[88]

O quarto ponto é da cronologia da criação dessas UCs. Os anos constantes da segunda coluna da Tabela 43 mostram que a criação das UCs do sistema se espalhou do fim dos anos 1970 até o fim dos anos 2010. Não ocorreu uma concentração significativa da criação dessas UCs em qualquer década.

Vejamos a questão da percentagem do Sistema Costeiro-Marinho protegida por UCs federais. Os dados da Tabela 44 apresentam dois cenários. Se adotarmos como total a cifra de 360 milhões de hectares, 25,73% do sistema estão protegidos; usando a cifra de 450 milhões de hectares,

[87] Como afirmamos anteriormente sobre a questão de sobreposições, que envolvem sobretudo as APAs, não contabilizamos aqui e no resto do texto as áreas de sobreposição entre UCs.

[88] Os dados sobre o pertencimento das RESEX e outras UCs ao Sistema Costeiro-Marinho não são inteiramente coerentes nas três bases de dados que usamos. Há, ainda, casos de sobreposições das UCs do Sistema Costeiro-Marinho com UCs de biomas terrestres. Por isso, a Tabela 43 deve ser lida com cautela.

a percentagem protegida cai para 20,59%. No entanto, nos dois casos, o Sistema Costeiro-Marinho tem uma percentagem de área protegida maior que a de qualquer um dos biomas terrestres.

Tabela 44 – Brasil – Áreas absolutas e percentuais do Sistema Costeiro-Marinho protegidas por unidades de conservação federais – situação em 2020

Sistema Costeiro--Marinho	áreas aproximadas do Sistema (1)	áreas aproximadas protegidas por UCs federais (2)	% do bioma protegido (2/1)
cenário 1	360.000.000	92.660.914	25,73
cenário 2	450.000.000	92.660.914	20,59

Fonte: Instituto Chico Mendes de Conservação da Biodiversidade

O Gráfico 18 ilustra o notável desequilíbrio entre UCs dos dois grupos existentes no Sistema Costeiro-Marinho, mostrando a forte prevalência das unidades de uso sustentável.

Gráfico 18 – Brasil – Percentagem do Sistema Costeiro-Marinho protegido por unidades de conservação federais – situação em 2020 (*)

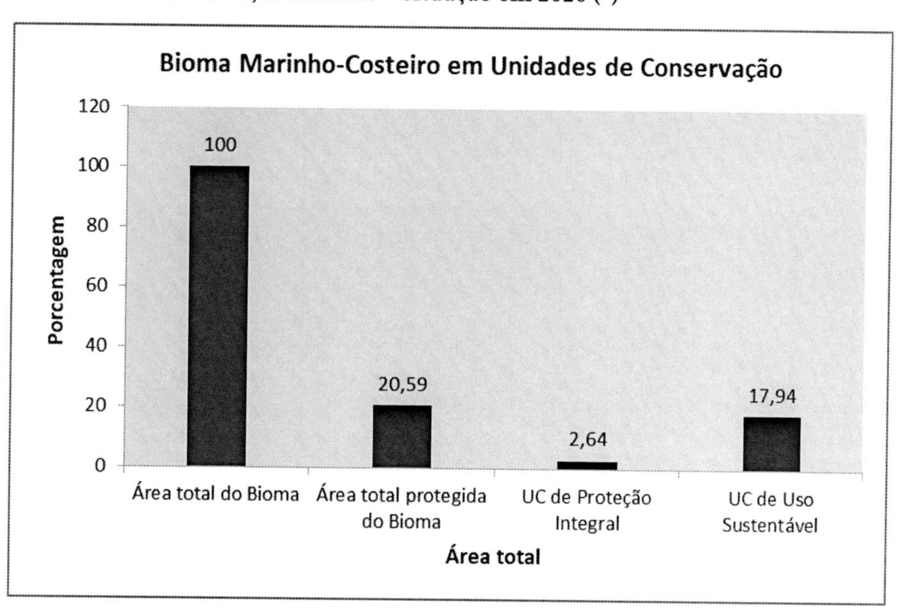

* Considerando a área total do Sistema Costeiro-Marinho como 450 milhões de hectares.
Fonte: Instituto Chico Mendes de Conservação da Biodiversidade

8

UNIDADES DE CONSERVAÇÃO ESTADUAIS

A Lei do SNUC prevê que os estados, o Distrito Federal e os municípios podem criar UCs de todas as categorias nos territórios sob a sua jurisdição. Nesta seção, examinamos vários aspectos da situação geral das UCs estaduais, que, para nossos fins, incluem as do Distrito Federal. Conforme dissemos na Introdução, optamos por não tratar das UCs municipais.

Este item sobre as UCs estaduais é intencionalmente sintético. Nós o construímos como um complemento aos itens sobre UCs federais e como um espaço para apresentar comparações e contrastes entre os dois conjuntos de UCs. Além disso, decidimos não estender demasiadamente o item. No entanto, existem, nas bases consultadas, informações suficientes sobre as UCs estaduais para permitir um tratamento quase tão extenso e detalhado quanto ao que demos às UCs federais.

Números e áreas de unidades de conservação estaduais

De acordo com os dados da Tabela 45, existem, no Brasil, **733** UCs estaduais enquadradas nas categorias do SNUC,[89] abrangendo uma área total de, aproximadamente, **77.197.100ha.**[90] Um primeiro ponto a destacar é que essa área total de UCs estaduais é significativa, pois corresponde a, aproximadamente, **9,06% do território nacional**. Dessa forma, a soma das áreas de todas as UCs federais e de todas as UCs estaduais totaliza **29,19% do território nacional.**

---

[89] Existe um número grande, porém indeterminado, de áreas protegidas nos âmbitos estaduais e municipais que não se enquadram nas 12 categorias do SNUC. Os seus nomes variam muito. Não tratamos delas neste texto, a não ser por menções a algumas que fazem parte dos mosaicos examinados no item 10.

[90] Não contabilizamos aqui e no restante deste item as 321 RPPNs estaduais, analisadas à parte no item 9.

Tabela 45 – Brasil – Unidades de conservação estaduais – categorias, números e áreas – situação em 2020 (*)

categorias	números de UCs	% sobre o número total de unidades estaduais	áreas	% sobre a área total de unidades estaduais
		unidades de proteção integral		
ESEC	60	8,20	4.762.600	6,17
MN	34	4,65	96.400	0,12
PARQUE ESTADUAL	223	30,50	9.539.300	12,36
RVS	55	7,52	344.800	0,44
REBIO	27	3,69	1.352.400	1,75
subtotais	399	54,58	16.095.600	20,84
		unidades de uso sustentável		
APA	201	27,35	34.215.300	44,32
ARIE	30	4,12	62.500	0,08
FLORESTA ESTADUAL	41	5,60	13.586.100	17,60
RDS	32	4,38	11.125.000	14,41
RESEX	29	3,97	2.112.600	2,74
subtotais	334	45,40	61.101.500	79,15
totais	733	100	77.197.100	100

* Excluídos dados referentes às RPPNs estaduais.
Fonte: Ministério do Meio Ambiente – Cadastro Nacional de Unidades de Conservação

Em segundo lugar, vemos que existe um forte desequilíbrio entre as proporções das áreas das UCs estaduais de uso sustentável (79,1%) e as de proteção integral (20,9%). Vimos que esse desequilíbrio ocorre também entre os dois grupos de UCs federais, mas, no caso das UCs estaduais, esse desequilíbrio é mais forte.

Em terceiro lugar, quanto aos números de UCs estaduais de cada categoria, os dados da Tabela 45 revelam uma situação diferente da que vimos sobre as UCs federais – as UCs estaduais de proteção integral predominam numericamente, com 399 unidades (54,6% de 733).

Em quarto lugar, os dados da mesma Tabela 45 mostram que existe um forte desequilíbrio entre os números de UCs de cada categoria e as suas respectivas áreas acumuladas. O exemplo mais claro disso está na comparação entre as duas categorias mais numerosas de UCs estaduais, parques estaduais e APAs, que somam 30,50% e 27,35% do total das unidades, respectivamente. Os parques, embora mais numerosos (223), ocupam apenas 12,36% da área total protegida por UCs estaduais, enquanto as APAs (201) ocupam 44,32%. Ou seja, as APAs, mesmo menos numerosas, ocupam mais do que o triplo da área dos parques estaduais. Existe, entre os órgãos ambientais estaduais, uma conhecida preferência pela criação de APAs, principalmente porque (i) elas não exigem desapropriações, (ii) permitem uma grande variedade de atividades produtivas e de itens de infraestrutura, e (iii) podem se constituir em boas ferramentas de planejamento territorial integrado.[91]

O quinto e último ponto a realçar com base nos dados da Tabela 45 também se refere à presença relativamente mais fraca das unidades de proteção integral. Vemos, por exemplo, que as REBIOs são poucas (27, apenas 3,69% das UCs estaduais) e, em média, pequenas, cobrindo apenas 1,75% da área As ESECs, a terceira categoria mais numerosa (60, ou 8,2%), cobrem apenas a quinta maior área (6,17%). Chama a atenção também o fato de que apenas 32 RDSs ocupem uma área maior que a dos 223 parques estaduais, indicando que existem algumas RDSs muito extensas. As florestas estaduais, no entanto, fogem desse padrão – elas formam a quinta categoria mais numerosa (41, ou 5,60%), mas ocupam a segunda maior parcela (17,6%) da área protegida por todas as UCs estaduais.

Distribuição dos números e áreas das UCs estaduais por estado

Vejamos agora como essas categorias de UCs se distribuem pelos estados, em termos de números e áreas. A Tabela 46 contém dados referentes aos números das várias categorias de UCs estaduais de proteção integral existentes em cada estado. A Tabela 47 apresenta dados sobre as áreas ocupadas por essas mesmas UCs em cada estado.

[91] A preferência dos governos estaduais da Bahia, Goiás e Amapá por APAs é registrada, respectivamente, em: CARVALHO, Lílian Maria Ferraz de. *Gestão de Áreas de Proteção Ambiental no Estado da Bahia:* Análise de um Modelo em Construção. 2004. Dissertação (Mestrado em Desenvolvimento Sustentável) – Universidade de Brasília, Brasília, 2004; LEITE, Juliana Ferreira *Unidades de Conservação no Estado de Goiás*: realidades e perspectivas. 2002. Dissertação (Mestrado em Desenvolvimento Sustentável) – Universidade de Brasília, Brasília, 2004; e BRITO, Daguinete Maria Chaves Gonçalves, *A Construção do Espaço Público na Gestão Ambiental de Unidades de Conservação*: O Caso da Área de Proteção Ambiental do Rio Curiaú – Amapá. 2003. Dissertação (Mestrado em Desenvolvimento Sustentável) – Universidade de Brasília, Brasília, 2003.

Tabela 46 – Brasil – Distribuição das unidades de conservação estaduais de proteção integral, por Estado, em ordem alfabética das siglas estaduais – situação em 2020

UF	ESC	MN	parque estadual	RVS	REBIO	números totais
AC	-----	-----	1	-----	-----	1
AL	1	-----	-----	1	-----	2
AM	-----	-----	7	-----	1	8
AP	-----	-----	-----	-----	1	1
BA	2	2	5	1	-----	10
CE	1	4	5	1	-----	11
DF	2	1	1	1	4	9
ES	-----	2	6	-----	1	9
GO	1	-----	9	-----	-----	10
MA	-----	-----	6	-----	-----	6
MG	10	13	39	6	2	70
MS	-----	2	5	-----	-----	7
MT	4	1	18	2	1	26
PA	1	1	4	3	1	10
PB	1	1	7	1	-----	10
PE	3	1	5	32	-----	41
PI	-----	-----	-----	-----	-----	0
PR	5	1	30	1	2	39
RJ	1	1	11	3	3	19
RN	-----	-----	2	-----	-----	2
RO	2	-----	3	-----	2	7
RR	-----	-----	-----	-----	-----	0
RS	1	-----	12	2	6	21
SC	-----	-----	7	-----	2	9
SE	-----	1	-----	1	-----	2
SP	26	2	36	1	1	66
TO	-----	1	3	-----	-----	4
totais	60	34	223	55	27	399

Fonte: Ministério do Meio Ambiente – Cadastro Nacional de Unidades de Conservação

Há vários pontos a destacar a respeito da distribuição das 399 UCs estaduais de proteção integral (Tabela 46). É fácil perceber que há uma forte concentração dessas UCs em alguns estados, expressa nos dados seguintes:

- os quatro estados com maiores números de UCs estaduais de proteção integral são Minas Gerais (70), São Paulo (66), Pernambuco (41) e Paraná (39), configurando uma concentração de 53,7% delas (216 de 399) em apenas quatro estados, embora eles pertençam a três regiões distintas – Sul, Sudeste e Nordeste;
- Mato Grosso (com 26 unidades, ou 6,52% do total) vem logo depois dos quatro estados líderes, ampliando a dispersão regional para o Centro-Oeste;
- os dois únicos estados que não têm UCs estaduais de proteção integral são da Região Nordeste (Piauí) e da Região Norte (Roraima);
- dois estados do Norte (Acre e Amapá) têm apenas uma UC de proteção integral cada;
- 19 estados (inclusive os mencionados Piauí, Roraima, Acre e Amapá) contam, cada um, com 10 ou menos unidades, num total de 107 (26,8% do total), configurando uma presença relativamente rala das UCs estaduais de proteção integral em termos nacionais;
- os parques estaduais são a categoria mais numerosa em quase todos os estados (as exceções são Distrito Federal, Alagoas e Pernambuco).

Tabela 47 – Brasil – Distribuição das áreas de unidades de conservação estaduais de proteção integral, por Estado, em ordem alfabética das siglas estaduais – situação em 2020 (ha)

UF	ESEC	MN	parque estadual	RVS	REBIO	áreas totais por estado
AC	-----	-----	693.328	-----	-----	693.328
AL	41	-----	-----	1.088	-----	1.129
AM	-----	-----	3.473.324	-----	38.288	3.511.612
AP	-----	-----	-----	-----	276	276
BA	7.299	767	84.079	27.489	-----	119.634
CE	964	16.701	15.189	39	-----	32.893
DF	13.683	91	61	253	1.116	15.204
ES	-----	11.307	7.921	-----	3.087	22.315

UF	ESEC	MN	parque estadual	RVS	REBIO	áreas totais por estado
GO	6.930	-----	114.629	-----	-----	121.559
MA	-----	-----	894.518	-----	-----	894.518
MG	11.486	9.737	526.639	20.088	10.194	578.144
MS	-----	257	183.041	-----	-----	183.298
MT	222.855	258	1.340.744	95.708	3.614	1.663.179
PA	4.193.131	256	95.394	10.744	1.173.275	5.472.800
PB	82	39	3.056	513	-----	3.690
PE	10.218	1.376	4.012	142.287	-----	157.893
PI	-----	-----	-----	-----	-----	0
PR	6.690	165	74.393	204	520	81.972
RJ	3.259	5.477	177.904	16.218	10.466	213.324
RN	-----	-----	1.426	-----	-----	1.426
RO	154.199	-----	660.200	-----	84.206	898.605
RR	-----	-----	-----	-----	-----	0
RS	6.041	-----	32.348	2.605	15.462	56.456
SC	-----	-----	96.071	-----	12.921	108.992
SE	-----	2.138	-----	895	-----	3.033
SP	116.531	6.454	813.561	481	3	937.030
TO	-----	29.246	270.136	-----	-----	299.382
totais	4.753.409	84.269	9.561.974	302.102	1.353.428	16.071.692

Fonte: Ministério do Meio Ambiente – Cadastro Nacional de Unidades de Conservação

Em termos de área, os dados da Tabela 47 mostram que a situação das 399 UCs estaduais de proteção integral é marcada por uma concentração regional ainda mais forte do que a dos números de unidades.

- três estados têm UCs estaduais de proteção integral com áreas superiores a 1 milhão de hectares – Pará, Amazonas e Mato Grosso – cobrindo, respectivamente, 34,11%, 21,90% e 10,37%, ou 63,38% da área total dessas categorias de UCs;
- os quatro estados seguintes são São Paulo, Rondônia, Maranhão e Acre, com cifras bem mais baixas – 5,84%, 5,60%, 5,58% e 4,32%, respectivamente –, somando outros 21,34% da área protegida por essas UCs;

- esses sete estados sozinhos concentram a enorme parcela de 84,72% da área integralmente protegida pelas UCs estaduais; os 15,28% restantes são divididos esparsamente entre outros 16 estados (descontados Piauí e Roraima, que não têm essa categoria de UC);
- essa concentração da área integralmente protegida ocorre, principalmente, em três estados de grande porte – Pará, Amazonas e Mato Grosso; junto com Rondônia, Acre e Maranhão, trata-se de estados onde tem ocorrido rápida expansão da fronteira agropecuária;
- a presença de São Paulo nessa lista não se liga nem ao seu porte (não é um estado grande), nem a um avanço recente da fronteira agropecuária, e sim a uma possível capacidade gerencial diferenciada do estado de criar e gerir UCs;
- os parques estaduais, além de mais numerosos, são a categoria que ocupa mais área – cerca de 59,5% da área total de UCs estaduais de proteção integral;
- os estados que têm mais parques estaduais são Minas Gerais, São Paulo e Paraná, totalizando 105 das 223 unidades (47,09%). Os mesmos três estados lideram quanto aos números de estações ecológicas, acumulando 41 de 60 (68,3%). Porém, esses números elevados não implicam, necessariamente, grandes áreas colocadas sob proteção integral. Em São Paulo, as 66 UCs de proteção integral cobrem apenas 3,78% da área total do estado; em Minas Gerais (77 UCs) e no Paraná (39), os percentuais correspondentes são ainda menores – 0,98% e 0,41%, respectivamente.

Outra comparação relevante sobre a questão dos tamanhos relativos das UCs estaduais pode ser feita considerando dois estados da Região Norte. Enquanto, no estado do Amazonas, as suas oito relativamente extensas UCs de proteção integral correspondem a apenas 2,23% da área do estado, no Acre a única UC de proteção integral (um parque estadual) cobre 4,54% do seu território.

Vale destacar ainda a presença de Mato Grosso no topo ou perto do topo das listas das tabelas 46 e 47. Isso contrasta fortemente com altos índices de desmatamento, altos números de focos de incêndios florestais e forte dinâmica de conversão de paisagens nativas para usos agropecuários.

Vejamos agora aspectos dos números e das áreas das UCs estaduais de uso sustentável. Os dados relevantes constam das Tabelas 48 e 49. As 334 UCs estaduais de uso sustentável somam 61.433.726ha, distribuídas por 26 estados. Eis alguns pontos a destacar sobre os números delas (Tabela 48) e as suas áreas (Tabela 49).

- APAs são a categoria mais numerosa entre as UCs estaduais de uso sustentável, seguidas pelas florestas estaduais e pelas RDSs;
- 56% da área protegida pelas UCs estaduais de uso sustentável estão em APAs estaduais, que somam 201 unidades (60,24% de do total de 334);
- São Paulo tem o maior número de APAs (36 de 201, 18%), mas a sua área conjunta é inferior à das oito APAs do Pará e às sete do Maranhão, que contribuem 19,91% e 18,44% para a área total das APAS estaduais, respectivamente;
- no que toca à área conjunta das APAs por estado, os líderes são Pará e Maranhão, seguidos pela Bahia, com 17,45% da área total de APAs, São Paulo, com 10,51%, e Tocantins, com 6,46%;
- Bahia, São Paulo, Minas Gerais, Rio de Janeiro, Ceará e Tocantins totalizam 116 das 201 APAs; assim, apesar da mencionada preferência dos governos estaduais pelas APAs, esses seis estados concentram fortemente os seus números (58%), e apenas cinco deles – Pará, Maranhão, Bahia, São Paulo e Tocantins – concentram 53,80% da sua área conjunta;
- os maiores números de florestas estaduais e grande parte de sua área conjunta estão em Rondônia, Amazonas, São Paulo, Paraná, Pará e Acre; com 36 dessas 41 unidades (87,8%), eles concentram 82,43% de sua área;
- a cifra considerável de 18,11% de toda a área de uso sustentável reside nas RDSs estaduais, que representam apenas 9,64% das UCs estaduais de uso sustentável;
- Amazonas tem o maior número de RDSs (16) e a maior parte da área coberta por elas (90,58%), configurando uma forte concentração no contexto dos estados e da categoria;

- as RESEXs estaduais, cujo número (29) equivale a 8,73% de todas as UCs estaduais de uso sustentável, ocupam apenas 3,44% da área total dessas unidades, distribuídas por apenas cinco estados – Rondônia, Amazonas, Mato Grosso, Rio de Janeiro e São Paulo;
- o maior número de RESEXs estaduais está em Rondônia (21). Elas somam 46,63% de toda a área dessa categoria de unidades estaduais, seguidas de perto pelas quatro enormes RESEXs do Amazonas, que somam 46,54% da área das RESEXs estaduais; os dois estados sozinhos somam 93,17% das áreas da categoria.

Tabela 48 – Brasil – Distribuição dos números de unidades de conservação estaduais de uso sustentável, por Estado, em ordem alfabética das siglas estaduais – situação em 2020 (*)

UF	APA	ARIE	floresta estadual	RDS	RESEX	números de UCs
AC	2	1	4	-----	-----	7
AL	5	-----	-----	-----	-----	5
AM	5	-----	8	16	4	33
AP	2	-----	1	1	-----	4
BA	31	2	-----	-----	-----	33
CE	13	4	-----	-----	-----	17
DF	3	11	-----	-----	-----	14
ES	6	1	-----	1	-----	8
GO	8	1	1	-----	-----	10
MA	7	-----	-----	-----	-----	7
MG	14	-----	2	1	-----	17
MS	2	-----	-----	-----	-----	2
MT	5	-----	-----	-----	1	6
PA	8	-----	4	4	-----	16
PB	4	1	-----	-----	-----	5
PE	5	1	-----	-----	-----	6
PI	-----	-----	-----	-----	-----	0
PR	9	4	5	-----	-----	18
RJ	13	-----	1	1	1	16
RN	4	-----	-----	1	-----	5

UF	APA	ARIE	floresta estadual	RDS	RESEX	números de UCs
RO	1	-----	9	-----	21	31
RR	1	-----	-----	-----	-----	1
RS	3	-----	-----	-----	-----	3
SC	2	-----	-----	-----	-----	2
SE	3	-----	-----	-----	-----	3
SP	36	5	6	7	2	56
TO	9	-----	-----	-----	-----	9
totais	201	31	41	32	29	334

* Excluídos dados sobre RPPNs estaduais.
Fonte: Ministério do Meio Ambiente – Cadastro Nacional de Unidades de Conservação

Tabela 49 – Brasil – Distribuição das áreas de unidades de conservação estaduais de uso sustentável, por Estado, em ordem alfabética das siglas estaduais – situação em 2020 (ha) (*)

UF	APA	ARIE	floresta estadual	RDS	RESEX	áreas totais por estado
AC	35.196	25.654	543.948	-----	-----	604.798
AL	169.566	-----	-----	-----	-----	169.566
AM	1.696.143	-----	2.584.770	10.077.056	983.234	15.341.203
AP	22.021	-----	2.370.316	873.576	-----	3.265.913
BA	6.020.148	12.163	-----	-----	-----	6.032.311
CE	70.761	612	-----	-----	-----	71.373
DF	86.321	5.240	-----	-----	-----	91.561
ES	30.558	573	-----	954	-----	32.085
GO	1.082.563	25	22.338	-----		1.104.926
MA	6.361.848	-----	-----	-----	-----	6.361.848
MG	1.718.312	-----	4.584	58.780	-----	1.781.676
MS	25.550	-----	-----	-----	-----	25.550
MT	813.336	-----	-----	-----	137.667	951.003
PA	6.867.012	-----	7.806.876	81.650	-----	14.755.538
PB	59.850	68	-----	-----	-----	59.918
PE	204.938	1.466	-----	-----	-----	206.404
PI	-----	-----	-----	-----	-----	0

UF	APA	ARIE	floresta estadual	RDS	RESEX	áreas totais por estado
PR	1.066.558	341	41.846	-----	-----	1.108.745
RJ	239.589	-----	29	1.900	3.942	245.460
RN	221.918	-----	-----	12.925	-----	234.843
RO	5.637	-----	260.550	-----	985.104	1.251.291
RR	1.564.730	-----	-----	-----	-----	1.564.730
RS	212.245	-----	-----	-----	-----	212.245
SC	6.261	-----	-----	-----	-----	6.261
SE	52.513	-----	-----	-----	-----	52.513
SP	3.625.486	16.597	7.408	18.187	2.787	3.670.465
TO	2.231.500	-----	-----	-----	-----	2.231.500
totais	34.490.560	62.739	13.642.665	11.125.028	2.112.734	61.433.726

* Excluídos dados sobre RPPNs estaduais.
Fonte: Ministério do Meio Ambiente – Cadastro Nacional de Unidades de Conservação

Recorde-se que o total da área protegida pelas UCs estaduais é de 77.505.418ha, correspondendo a cerca de 9,10% do território nacional. A soma das áreas protegidas federais e estaduais brasileiras corresponde, portanto, a 29,23% (20,13% das UCs federais + 9,10% das UCs estaduais) do território nacional. Essa cifra coloca o Brasil entre os países que protegem as maiores porções dos seus respectivos territórios.

Números e áreas das unidades de conservação federais e estaduais em cada estado

A Tabela 50 reúne dados que permitem uma análise comparativa da incidência (em números e áreas) de UCs estaduais e federais em cada estado.

Tabela 50 – Brasil – Áreas (ha) e números das unidades de conservação federais e estaduais existentes em cada Estado – situação em 2020 (*) (**)

estados	áreas de UCs estaduais de proteção integral (ha)	n.º de UCs estaduais de proteção integral	áreas de UCs estaduais de uso sustentável (ha)	n.º de UCs estaduais de uso sustentável	áreas de UCs federais de proteção integral (ha)	n.º de UCs federais de proteção integral	áreas de UCs federais de uso sustentável (ha)	n.º de UCs federais de uso sustentável	%s das áreas dos estados protegidas por UCs federais e estaduais (***)
AC	693.328	1	604.798	7	916.955	2	3.135.145	9	35,06
AL	1.129	2	169.566	5	6.132	1	10.197	1	6,73
AM	3.511.612	8	15.341.203	33	7.620.503	12	6.949.769	22	21,28
AP	276	1	3.265.913	4	4.973.732	4	992.764	2	64,65
BA	119.634	10	6.032.311	33	1.493.790	16	821.659	6	14,93
CE	29.177	10	71.373	17	39.454	4	79.193	4	1,47
DF	15.204	9	91.561	14	3.412	1	94.074	3	35,21
ES	22.315	9	32.085	8	67.769	7	119.693	4	5,25
GO	121.559	11	1.104.926	10	240.587	2	32.024	4	4,41
MA	770.068	3	6.361.848	7	587.763	3	226.907	5	23,93
MG	578.144	70	1.781.676	17	493.765	7	351.667	7	5,46
MS	183.298	7	25.550	2	76.974	1	0	0	0,80
MT	1.663.179	26	951.003	6	71.362	3	0	0	2,97
PA	5.472.800	10	14.755.538	16	6.147.862	8	12.492.306	33	31,14
PB	3.430	9	59.918	5	4.052	1	115	1	1,19
PE	157.893	41	122.387	5	74.416	4	3.005	1	3,63

estados	áreas de UCs estaduais de proteção integral (ha)	n.º de UCs estaduais de proteção integral	áreas de UCs estaduais de uso sustentável (ha)	n.º de UCs estaduais de uso sustentável	áreas de UCs federais de proteção integral (ha)	n.º de UCs federais de proteção integral	áreas de UCs federais de uso sustentável (ha)	n.º de UCs federais de uso sustentável	%s das áreas dos estados protegidas por UCs federais e estaduais (***)
PI	0	0	0	0	1.066.045	4	168	1	4,24
PR	81.972	39	1.108.745	18	326.830	8	4.445	3	7,63
RJ	213.324	19	245.460	15	40.617	9	270.772	4	17,63
RN	1.426	2	234.843	5	44.827	3	394	2	5,33
RO	898.605	7	1.251.291	31	1.954.813	4	1.005.286	7	21,51
RR	0	0	1.564.730	1	741.615	4	259.403	1	11,44
RS	56.456	21	212.245	3	69.805	4	320.306	4	2,34
SC	108.992	9	6.261	2	120.159	3	12.232	5	2,60
SE	3.033	2	52.513	3	8.025	1	144	1	2,91
SP	931.971	65	2.532.486	53	74.160	4	12.971	10	18,89
TO	299.382	4	2.231.500	9	555.524	1	9.071	1	11,15
totais	15.938.207	394	59.606.932	322	27.820.948	119	27.203.710	132	**15,33 (****)**

* Excluídas as RPPNs e as UCs do Sistema Costeiro-Marinho.

** Consideramos apenas as UCs federais que se localizam integralmente dentro de cada estado; desconsideramos 46 unidades federais transfronteiriças (ver Tabela 51).

*** As cifras da última coluna correspondem aos estados (linhas de AC a TO) e indicam as percentagens do território de cada estado protegidas por UCs estaduais e federais.

**** A cifra de 15,33%, no pé da última coluna, indica a média das percentagens de todas as cifras da mesma coluna.

Fonte: Ministério do Meio Ambiente – Cadastro Nacional de Unidades de Conservação; Instituto Chico Mende de Conservação da Biodiversidade

Vejamos primeiro a questão dos números de UCs:

- Amazonas apresenta certo equilíbrio entre os números de UCs federais (34) e estaduais (41); no entanto, na maioria dos estados, os números correspondentes são discrepantes entre si;
- alguns estados se destacam por criar unidades próprias; é o caso de São Paulo (65 UCs de proteção integral estaduais contra quatro federais); Rondônia (31 unidades de uso sustentável estaduais contra sete federais); Paraná (39 UCs de proteção integral e 18 de uso sustentável estaduais comparadas a oito e três federais, respectivamente); Mato Grosso (26 UCs de proteção integral estaduais contra três federais e seis de uso sustentável contra nenhuma federal); Minas Gerais (70 de proteção integral contra sete federais e 17 de uso sustentável contra sete federais); Bahia (33 de uso sustentável estaduais contra seis federais). Portanto, esses estados estão empenhados na criação de UCs e parecem ter mecanismos mais dinâmicos para criá-las do que o governo federal;
- situação inversa ocorre em alguns poucos estados nos quais o governo federal cria mais unidades do que os estados – exemplos são Acre (11 UCs federais e oito estaduais) e Roraima (cinco UCs federais e uma estadual);
- apenas quatro estados têm menos UCs estaduais nos seus territórios do que UCs federais – Acre, Roraima (citados acima), Amapá e Pará, todos da Região Norte e do Bioma Amazônia; os demais estados e o DF criam mais UCs próprias em seus territórios do que o governo federal;
- esse dado indica que, embora as UCs federais em média resultem de iniciativas mais antigas, a maioria dos estados parece ter desenvolvido uma autonomia na política de criação de suas áreas protegidas;
- Roraima e Piauí são os únicos estados sem UCs estaduais de proteção integral;
- os estados em seu conjunto criaram mais UCs de proteção integral (394) do que o governo federal (119), mesmo se incluirmos as 46 UCs federais transfronteiriças;
- o mesmo ocorre quanto ao número de UCs estaduais de uso sustentável – elas são mais numerosas do que as UCs federais da mesma categoria (322 x 132);

- as 394 UCs estaduais de proteção integral (contra apenas 322 de uso sustentável) relativizam e até parecem desmentir a mencionada preferência dos estados pelas UCs de uso sustentável;
- no entanto, nada menos do que 14 estados criaram mais UCs de uso sustentável do que de proteção integral;
- o número médio por estado de UCs estaduais de proteção integral é 14,59, mas apenas sete estados (liderados por Minas Gerais e São Paulo) puxam essa média para cima, o que caracteriza um grau considerável de concentração;
- já o número médio por estado de UCs estaduais de uso sustentável é 11,92; 10 estados puxam essa média para cima (liderados por São Paulo, Bahia e Amazonas); esse é um grau mais baixo de concentração.

Quanto às áreas cobertas pelas UCs estaduais e federais em cada estado, vários pontos da Tabela 50 chamam a atenção:

- os 59.606.932ha de unidades estaduais de uso sustentável são quase quatro vezes maiores do que os 15.938.207ha de unidades de proteção integral, o que confirma a preferência dos estados pelas primeiras;
- em 19 estados, as áreas da UCs estaduais de uso sustentável são maiores que as áreas correspondentes das UCs federais do mesmo grupo, mais um dado que confirma a preferência generalizada dos estados pelas unidades de uso sustentável;
- o tamanho médio por estado das áreas das unidades estaduais de uso sustentável é de 2.207.664ha; apenas sete estados puxam essa média para cima, configurando um forte grau de concentração;
- o tamanho médio por estado das áreas das unidades federais de uso sustentável é 1.007.544ha, menos da metade das unidades estaduais do mesmo grupo;
- o tamanho médio por estado das áreas das unidades estaduais de proteção integral é 590.303ha; sete estados têm áreas que puxam a média para cima, numa concentração equivalente à das unidades estaduais de uso sustentável;

- a área média por estado das UCs federais de proteção integral é de 1.030.405ha, bem superior à média de 590.303ha das UCs estaduais do mesmo grupo, indicando que o governo federal favorece tamanhos maiores dessas unidades do que os governos estaduais.

As cifras da última coluna da Tabela 50 contêm informações relevantes para a compreensão do alcance territorial conjunto das UCs estaduais e federais, tanto em termos estaduais como nacionais: elas informam as percentagens da área de cada estado protegidas por UCs estaduais e federais.

- a percentagem de 15,33 da última linha da última coluna corresponde à média das percentagens de todos estados protegidas por UCs federais e estaduais;
- nove estados têm percentagens superiores à média de 15,33%; cinco deles são da Região Norte;
- o Amapá **é** o estado mais protegido por UCs (64,65% do seu território),[92] perto do dobro dos índices do Distrito Federal (35,21%), Acre (35,06%) e Pará (31,14);
- Ceará (1,47%), Paraíba (1,19%) e Mato Grosso do Sul (0,80%) são os estados com as percentagens mais baixas dos seus territórios protegidas por UCs.

Unidades de conservação federais transfronteiriças

Além das unidades federais e estaduais, cujos dados agregados aparecem na Tabela 50, existem outras **46 UCs federais transfronteiriças,** de proteção integral e de uso sustentável. Elas ocupam uma área total de 21.194.209ha. A Tabela 51 traz dados sobre essas unidades. O motivo de tratar dessas unidades federais neste item sobre unidades estaduais é que

92 O status do Amapá como o estado mais protegido (64,65% do seu território, segundo a Tabela 50) merece uma ressalva. Essa percentagem só vale se considerarmos o enorme PARNA Montanhas do Tumucumaque como uma UC exclusivamente amapaense. A base do CNUC adota essa posição. No entanto, esse PARNA é, na verdade, uma UC transfronteiriça, pois abrange trechos do Pará (ver a Tabela 51, a seguir). Ao consultarmos outra base de dados do próprio MMA (Painel Unidades de Conservação Brasileiras, (https://app.powerbi.com/view?r=eyJrIjoiMGNmMGY3NGMtNWZlOC00ZmRmLWExZWItNTNiNDhkZDg0MmY4IiwidCI6IjM5NTdhMzY3LTZkMzgtNGMxZi1hNGJhLTMzZThmM2M1NTBlNyJ9&pageName=ReportSectione0a112a2a9e0cf52a827), vemos que a parte paraense do PARNA Montanhas do Tumucumaque é corretamente alocada para o Pará, reduzindo a percentagem de área protegida no Amapá de 64,65% para 36,03%. Mesmo assim, o Amapá continua como o estado brasileiro mais protegido. Nessa outra base, vimos também que os números de UCs e/ou as percentagens das áreas protegidas em cada estado não são as mesmas da Tabela 50. Além do Amapá, os estados para os quais anotamos discrepâncias são Amazonas, Bahia, Espírito Santo, Maranhão, Paraíba, Pernambuco, Piauí, Paraná, Rondônia, Santa Catarina, Sergipe, São Paulo e Tocantins.

elas, mesmo sendo federais, afetam os territórios dos respectivos estados e contribuem para a proteção da biodiversidade deles. Cabe lembrar três pontos: (i) os números e as áreas dessas unidades (que não citamos nominalmente) não foram contabilizados na Tabela 50 ou levados em conta nas análises correspondentes a ela; (ii) a Tabela 51 não discrimina as parcelas das áreas das UCs em cada estado afetado; (iii) essas unidades foram contabilizadas nas diversas tabelas gráficos ao longo de todo o item referente às UCs federais.

Tabela 51 – Números e áreas (ha) das 46 unidades de conservação federais transfronteiriças, em ordem alfabética das siglas dos estados afetados – situação em 2020 (*)

estados	n.º de UCs de proteção integral	áreas de UCs de proteção integral	n.º de UCs de uso sustentável	áreas de UCs de uso sustentável
AC-AM	0	0	1	324.906
AL-PE	1	4.382	1	404.271
AL-BA-SE	1	26.736	0	0
AM-PA	1	1.066.256	1	682.619
AM-RR	2	2.727.301	2	2.113.831
AM-RO	2	1.962.243	1	580.626
AM-MT	1	1.958.014	0	0
AM-RO-MT	1	961.327	0	0
AP-PA	1	231.093	0	0
BA-GO	0	0	1	176.322
BA-TO	1	707.083	0	0
BA-MG	1	230.856	0	0
CE-MA-PI	0	0	1	309.586
CE-PE-PI	0	0	1	972.593
CE-PI	0	0	1	1.624.176
DF-GO	1	42.356	2	545.202
ES-BA	1	1.504	0	0
ES-MG	1	31.763	0	0
GO-MT-TO	0	0	1	359.189
MA-PI	0	0	2	68.802
MA-TO-PI-BA	1	749.765	0	0

estados	n.º de UCs de proteção integral	áreas de UCs de proteção integral	n.º de UCs de uso sustentável	áreas de UCs de uso sustentável
MG-RJ	1	28.086	0	0
MG-RJ-SP	0	0	1	437.520
MS-SP-PR	0	0	1	1.005.181
MS-MT	1	135.923	0	0
MS-GO	1	132.785	0	0
PB-PE	0	0	1	6.677
PR-MS	1	76.138	0	0
PR-SC	2	23.167	0	0
RJ-SP	1	106.565	1	32.611
RS-SC	2	30.450	0	0
SP-PR	1	33.861	1	282.443
totais	26	11.267.654	20	9.926.555

* Excluídas as RPPNs e as UCs do Sistema Costeiro-Marinho.
Fonte: Ministério do Meio Ambiente – Cadastro Nacional de Unidades de Conservação

O número de unidades transfronteiriças é relativamente pequeno, mas a soma de suas áreas (21.194.209ha) contribui significativamente para a quantidade de terras protegidas por UCs em escala nacional – essa soma equivale a quase cinco vezes a área do estado do Rio de Janeiro. Vemos que essas unidades estão dispersas pelas cinco regiões geográficas e por 24 unidades da federação. Não encontramos uma explicação única ou sintética sobre o motivo ou os motivos de criação dessas 46 unidades transfronteiriças. Buscar isso exigiria verticalizar a análise delas. Conhecemos os motivos de alguns casos, como o do PARNA Serra da Bocaina (proteção de uma larga faixa contínua entre RJ e SP de florestas montanas de Mata Atlântica em bom estado de conservação) e do PARNA Grande Sertão Veredas (proteção de uma grande extensão de formações bem conservadas de Cerrado entre BA e MG).

Planos de manejo das unidades de conservação estaduais

Vejamos agora a questão dos planos de manejo das UCs estaduais. A Tabela 52 apresenta dados sobre o número de UCs estaduais que contam com planos de manejo. Recolhemos dados de 731 unidades.

Tabela 52 – Brasil – Distribuição das unidades de conservação estaduais sem ou com planos de manejo, por categoria – situação em 2020 (*)

categorias	sem plano	com plano	totais
APA	150	50	200
ARIE	26	4	30
ESEC	32	28	60
Floresta Estadual	25	16	41
MN	31	3	34
Parque Estadual	127	96	223
RVS	53	2	55
REBIO	19	8	27
RDS	26	6	32
RESEX	17	12	29
totais	506	225	731

* Excluídos dados sobre RPPNs
Fonte: Ministério do Meio Ambiente – Cadastro Nacional de Unidades de Conservação

A situação é preocupante. Das 731 unidades, 506 (69,2%) não têm planos de manejo, o que coloca dúvidas sobre a qualidade de sua gestão. O Gráfico 19, a seguir, ilustra essa situação.

Gráfico 19 – Brasil – Unidades de conservação estaduais com ou sem plano de manejo (%) – situação em 2020 (*)

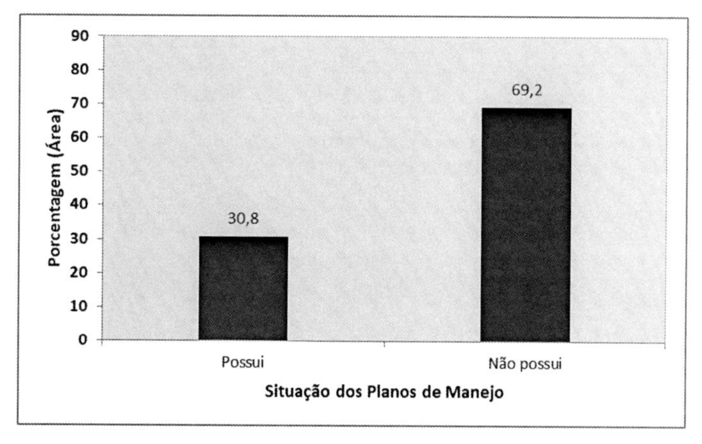

* Excluídos dados sobre RPPNs.
Fonte: Ministério do Meio Ambiente – Cadastro Nacional de Unidades de Conservação

Conselhos gestores nas unidades de conservação estaduais

A Tabela 53 reúne dados sobre a existência de conselhos que integram a estrutura de gestão de cada UC estadual. Do total de 731 unidades, 396 (ou 54,2%) não têm conselhos gestores. Os estados com as maiores percentagens de unidades com conselhos são Rio Grande do Norte, Acre e Roraima (únicos estados com 100% de conselhos gestores nas suas UCs, embora Roraima só tenha uma UC estadual). Com índices acima de 70%, seguem-se Mato Grosso do Sul (88,8%), Pará (84,6%), Sergipe e Amapá (80%), Ceará, (78,6%), Rio de Janeiro (71,4%) e Espírito Santo (70,5%). São Paulo e Minas Gerais, os estados com maior número de UCs estaduais, têm conselhos gestores em apenas 41,8% e 47,1% delas, respectivamente. No patamar mais baixo, estão Goiás (19%), Paraná (14%), Distrito Federal (13,1%) e Maranhão (7,6%) de UCs.

Tabela 53 – Brasil – Distribuição dos conselhos gestores em unidades de conservação estaduais, por Estado, em ordem alfabética das siglas estaduais – situação em 2020

estados	com conselho	sem conselho
AC	8	0
AL	3	4
AM	23	18
AP	4	1
BA	17	26
CE	22	6
DF	3	20
ES	12	5
GO	4	17
MA	1	12
MG	41	46
MS	8	1
MT	9	23
PA	22	4
PB	4	11
PE	10	37
PI	0	0
PR	8	49
RJ	25	10

estados	com conselho	sem conselho
RN	7	0
RO	21	17
RR	1	0
RS	16	8
SC	6	5
SE	4	1
SP	51	71
TO	7	5
totais	335	396

Fonte: Ministério do Meio Ambiente – Cadastro Nacional de Unidades de Conservação

A Tabela 54 contém dados sobre a distribuição de conselhos gestores nas UCs estaduais por categoria de manejo. Ocorre uma forte concentração dos conselhos em apenas duas categorias – os parques estaduais, com 110 unidades, seguidos pelos as APAs, com 100. As duas categorias reúnem 65,6% dos conselhos existentes. As RESEX comparecem com uma baixa percentagem de conselhos (24,13%), o que não está em sintonia com a própria origem e finalidade dessas UCs de proteger o modo de vida de comunidades extrativistas.

Tabela 54 – Brasil – Distribuição de conselhos gestores de unidades de conservação estaduais, por categoria – situação em 2020

categorias	com conselho	sem conselho	totais
APA	100	100	200
ARIE	6	24	30
ESEC	28	32	60
Floresta Estadual	18	23	41
MN	13	21	34
Parque Estadual	110	113	223
RVS	12	43	55
REBIO	7	20	27
RDS	19	13	32
RESEX	22	7	29
totais	335	396	731

Fonte: Ministério do Meio Ambiente – Cadastro Nacional de Unidades de Conservação

Para encerrar este item, lembramos que há alguns tipos de áreas protegidas estaduais que não se enquadram nas 12 categorias do SNUC. Essas áreas são relativamente numerosas. Os órgãos estaduais de meio ambiente, por vezes, listam esses tipos de áreas protegidas junto das UCs enquadradas no SNUC, o que pode criar confusão para os pesquisadores. Ao longo dos anos recentes, encontramos, por exemplo, unidades registradas em Minas Gerais como "áreas de proteção especial"; em São Paulo, há ou houve "estações experimentais"; o Distrito Federal anunciou "parques ecológicos" e "parque urbanos". Outros estados divulgam "parques florestais", "parques recreativos", "hortos florestais", "reservas ecológicas", "reservas florestais", "estradas-parque" (em Mato Grosso) e várias unidades com outros nomes.

9

UNIDADES DE CONSERVAÇÃO ESTADUAIS GERIDAS PELA INICIATIVA PRIVADA – AS RESERVAS PARTICULARES DO PATRIMÔNIO NATURAL (RPPNS)

Paralelamente às RPPNs federais, alguns estados criaram RPPNs (Tabela 55). Até 2020, 11 estados criaram 334 RPPNs: Rio de Janeiro, Alagoas, Bahia, Ceará, Espírito Santo, Minas Gerais, Mato Grosso do Sul, Mato Grosso, Rio Grande do Sul, Santa Catarina e São Paulo. Essas unidades cobrem um total de 115.007ha. No quesito da quantidade de RPPNs estaduais em cada unidade da federação, o Rio de Janeiro aparece em primeiro lugar, seguido na ordem por Bahia, Espírito Santo, Minas Gerais, São Paulo, Alagoas, Mato Grosso do Sul, Santa Catarina, Mato Grosso, Rio Grande do Sul e Ceará. Porém, quando à superfície protegida por essas RPPNs em cada estado, a situação é distinta – Mato Grosso do Sul é o líder, seguido por Minas Gerais, Rio de Janeiro, Mato Grosso, São Paulo, Santa Catarina, Espírito Santo, Bahia, Alagoas, Rio Grande do Sul e Ceará.

Tabela 55 – Brasil – Distribuição dos números e das áreas das reservas particulares do patrimônio natural estaduais por Estado e Região, em ordem decrescente do número de unidades – situação em 2020

estados	regiões	números de RPPNs	% sobre o número total de RPPNs	áreas (ha)	% sobre área total de RPPNs
Rio de Janeiro	Sudeste	96	27,90	8.424	7,32
Bahia	Nordeste	52	15,11	4.918	4,28
Espírito Santo	Sudeste	44	12,79	5.650	4,91
Minas Gerais	Sudeste	36	10,46	10.031	8,72
São Paulo	Sudeste	34	9,88	6.128	5,33
Alagoas	Nordeste	30	8,72	3.994	3,47

estados	regiões	números de RPPNs	% sobre o número total de RPPNs	áreas (ha)	% sobre área total de RPPNs
Mato Grosso do Sul	Centro-Oeste	28	8,14	60.991	53,03
Santa Catarina	Sul	15	4,36	5.830	5,07
Mato Grosso	Centro-Oeste	4	1,16	6.343	5,52
Rio Grande do Sul	Sul	4	1,16	2.689	2,34
Ceará	Nordeste	1	0,29	9	0,008
totais	-----	344	100	115.007	100

Fonte: Ministério do Meio Ambiente – Cadastro Nacional de Unidades de Conservação

As 28 RPPNs estaduais do Mato Grosso do Sul têm o maior tamanho médio do conjunto – 2.178ha. O Ceará está no outro extremo – como só tem uma RPPN com 9 ha, essa é também a sua média. A média geral da área das 344 RPPNs é 334.32ha. No nível estadual, vemos, portanto, que se repete o fato de as áreas das RPPNs estaduais serem consideravelmente menores que UCs de outras categorias, o que não surpreende, pois elas também quase sempre correspondem a parcelas de propriedade privadas.

10

UM BALANÇO DAS RESERVAS PARTICULARES DO PATRIMÔNIO NATURAL FEDERAIS E ESTADUAIS

Em 2020, os números de RPPNs federais e estaduais totalizavam 1.014, protegendo uma superfície conjunta de 603.515ha e correspondendo a uma área média geral de 595,18ha. Apesar de muitas unidades individuais serem pequenas, o somatório de suas áreas é considerável – corresponde a 13,81% da área do Estado do Rio de Janeiro. Obviamente, as UCs geridas pelos seus proprietários particulares não têm condições nem devem substituir o Estado em suas atribuições relativas à conservação da biodiversidade. No entanto, tal como afirmamos quanto às RPPNs federais, entendemos que as RPPNs estaduais são um complemento bem-vindo das UCs públicas, cujos resultados nem sempre são suficientes.

Vale assinalar que certas ONGs ambientalistas têm criado ou ajudado a criar e a gerir com sucesso muitas RPPNs federais e estaduais. Isso caracteriza um padrão de iniciativas da sociedade civil organizada, iniciativas essas que complementam as dos proprietários individuais de terras. Entre as organizações com maior investimento em RPPNs estão a Fundação Pró-Natureza (Funatura), a Biodiversitas, a Sociedade de Pesquisa em Vida Selvagem (SPVS), a Fundação Grupo O Boticário de Proteção à Natureza, a WWF, a Ecotrópica, The Nature Conservancy e o Instituto de Estudos Socioambientais do Sul da Bahia (IESB). A criação de RPPNs, tanto por proprietários particulares quanto por ONGs, é desejável também pelo fato de resultar em um valioso acréscimo de recursos financeiros e técnicos para o nosso sistema de UCs.

Em muitos casos, as RPPNs dessas ONGs protegem áreas significativas, com vantagens em relação à esfera pública. Um bom exemplo disso é relatado por Carla Morsello. Ela comparou o custo de criação da RPPN de Salto Morato, no Paraná, em 1994, com 1.800ha, de propriedade da Fundação Grupo O Boticário, com o custo de uma UC pública. A RPPN custou menos de 1,0 milhão de dólares, incluindo a compra da terra, enquanto o orçamento para a criação de uma ESEC estadual de 1.000 hectares, no mesmo estado, teria custado por volta 1,8 milhão de dólares.[93] A iniciativa privada tem, assim, a vantagem da agilidade, sobretudo no que diz respeito ao quesito aquisição e regularização de terras.

O significado mais amplo das RPPNs federais e estaduais deve ser pensado levando em conta ainda as vantagens que ONGs, empresas e proprietários individuais buscam ou conseguem com a sua criação. É comum que os proprietários e as suas famílias explorem comercialmente oportunidades de lazer, educação ambiental e ecoturismo. Essas UCs podem também dar base a todo um esquema de "*marketing* verde" de grupos e empresas. As possibilidades que se abrem têm levado, por exemplo, empresas dos ramos florestal e de mineração (que, por definição, geram fortes impactos sobre as paisagens naturais e a biodiversidade) a investirem na criação de RPPNs. Isso vale, também, para organizações para-governamentais como o SESC, que criou pelo menos duas grandes RPPNs federais (aliás, as maiores do país) em Mato Grosso.

As RPPNs têm ainda um importante potencial de complementar as UCs públicas. Podem funcionar como zonas-tampão no entorno de UCs públicas, proteger nichos que escaparam da atenção dos gestores do SNUC e integrar corredores ecológicos e mosaicos de áreas protegidas. Todavia, dados os seus tamanhos geralmente pequenos – dentre outras limitações –, elas não alcançam escala para, sozinhas, garantir a conservação de espécies, populações, comunidades, ecossistemas e biomas. Isso depende de iniciativas conjuntas e coordenadas da gestão pública e privada visando a proteção e o uso sustentável da biodiversidade brasileira.

---

[93] MORSELLO, Carla. *Áreas protegidas públicas e privadas*: seleção e manejo. São Paulo: Annablume e FAPESP, 2001. p. 53.

11

MOSAICOS E CORREDORES ECOLÓGICOS

A Lei do SNUC prevê dois instrumentos complementares às UCs: mosaicos de áreas protegidas e corredores ecológicos. As suas finalidades são (i) evitar ou reverter a fragmentação das paisagens naturais e (ii) garantir a conectividade entre as UCs.

O conceito de mosaico consta no art. 26 da lei, com a seguinte redação:

> Quando existir um conjunto de unidades de conservação de categorias diferentes ou não, próximas, justapostas ou sobrepostas, e outras áreas protegidas públicas ou privadas, constituindo um mosaico, a gestão do conjunto deverá ser feita de forma integrada e participativa, considerando-se os seus distintos objetivos de conservação, de forma a compatibilizar a presença da biodiversidade, a valorização da sociodiversidade e o desenvolvimento sustentável no contexto regional.

Os mosaicos, ao estimularem a cooperação entre as equipes gestoras de cada unidade envolvida, têm contribuído para elevar a qualidade do gerenciamento delas.

Os corredores ecológicos constam nas disposições preliminares da lei, em seu artigo 2º, como:

> [...] porções de ecossistemas naturais ou seminaturais, ligando unidades de conservação, que possibilitam entre elas o fluxo de genes e o movimento da biota, facilitando a dispersão de espécies e a recolonização de áreas degradadas, bem como a manutenção de populações que demandam para sua sobrevivência áreas com extensão maior do que aquela das unidades individuais.

Os corredores têm se revelado úteis em uma série de projetos voltados para a conservação de espécies animais ameaçadas. Indivíduos dessas espécies necessitam dos corredores para interagir com outros de sua espécie e formar populações saudáveis e viáveis. Os corredores ajudam a manter ou ampliam um fluxo gênico constante entre populações distintas e isoladas entre si, muitas vezes bastante reduzidas.

Recordar uma iniciativa do MMA de estímulo à criação de mosaicos, ocorrida poucos anos depois da regulamentação da Lei do SNUC, serve para dar uma ideia do potencial do instrumento. Em 2005, o Fundo Nacional do Meio Ambiente lançou o Edital n.º 01/2005, intitulado "Mosaicos: uma Estratégia de Desenvolvimento Territorial com Base Conservacionista (DTBC)". O edital visou (i) selecionar projetos de criação de mosaicos de UCs e outras áreas protegidas e a (ii) apoiar planos de DTBC a serem executados nos mosaicos e, assim, ajudar a consolidação do SNUC. O edital teve duas chamadas: uma específica para o Bioma Amazônia e outra para os demais biomas terrestres e o Sistema Costeiro-Marinho.

Dados sobre os nove projetos aprovados nas duas chamadas constam do Quadro 2. Ele reúne uma amostra das propostas que o edital gerou. Elas vieram de vários tipos de instituições (IBAMA, prefeituras, ONGs), envolveram numerosas categorias de áreas protegidas e atraíram interessados de 10 estados de três regiões brasileiras.

Quadro 2 – Os nove projetos aprovados no Edital FNMA n.º 01/2005 sobre mosaicos de unidades de conservação – estados abrangidos, instituições proponentes e áreas protegidas incluídas

nomes dos projetos	estados	proponentes	áreas protegidas a serem abrangidas
1. Mosaico Serra da Cutia	RO	IBAMA	PARNAs Serra da Cutia, Pacaás Novos; REBIOs Traçadal; RESEXs Federais Barreiro das Antas, Rio Cautário; RESEXs Estaduais Rio Cautário, Pacaás Novos; TIs Sagarana, Uru-Eu-Wau-Wau, Rio Guaporé, Pacaás Novos, Rio Negro Ocaia; Assentamento Rural de Surpresa
2. Unidades de Conservação e Terras Indígenas: uma Proposta de Mosaico para o Oeste do Amapá e o Norte do Pará	AP e PA	Instituto de Pesquisa e Formação em Educação	RDS do Rio Iratapuru; PARNA Montanhas do Tumucumaque; TIs Wãiapi, Parque Indígena do Tumucumaque, Paru de Leste

nomes dos projetos	estados	proponentes	áreas protegidas a serem abrangidas
3. Mosaico do Baixo Rio Negro	AM	Instituto de Pesquisas Ecológicas – IPÊ	PARNA do Jaú; APAs do Rio Negro, Caverna do Moroaga; ESEC Anavilhanas; RESEX de Sauim-Castanheiras; Parque Estadual do Rio Negro Setor Norte; ARIE Projeto Dinâmica Biológica de Fragmentos Florestais; TIs Waimiri-Atroari, Jatuarana e Fortaleza do Patauá
4. Paisagem Sustentável do Ambiente Costeiro-Marinho do Baixo Sul da Bahia	BA	Fundação Onda Azul	APAs Estaduais Santo Antônio, Coroa Vermelha, Caraiva Trancoso, Ponta da Baleia de Abrolhos; RESEX Marinha do Corumbau; PARNAs Pau Brasil, Monte Pascoal, Descobrimento, Marinho de Abrolhos
5. Mosaico Grande Sertão Veredas-Peruaçu	MG e BA	Fundação Pró-Natureza – FUNATURA	PARNAs Cavernas do Peruaçu, Grande Sertão Veredas; Parques Estaduais Verde Grande, Mata Seca, Lagoa do Cajueiro, Veredas do Peruaçu, Serra das Araras, Veredas do Acari, Terra Ronca; APA Federal Nascentes do Rio Vermelho; APAs Estaduais Cavernas do Peruaçu, Lajedão, Serra Geral de Goiás; REBIOs Estaduais Jaíba, Serra Azul, Sagara/Barra, Sagarana/Logradouro, Sagarana/Mata Seca, Sagarana/Moinho; RVS das Veredas do Oeste Baiano
6. Mosaico Região da Serra de Ibiapaba – Sobral	CE e PI	Fundação Rio Parnaíba – FURPA	PARNAs de Ubajara, Sete Cidades; APAs Serra da Ibiapaba, Bica do Ipu; FLONA de Sobral
7. Mosaico Serrano do Médio Macaé	RJ	Fundação BIO-RIO	REBIO União; Parque Municipal Fazenda Atalaia; APA do Sana; RPPNs Fazenda Barra do Sana, Sítio Shangrilah

nomes dos projetos	estados	proponentes	áreas protegidas a serem abrangidas
8. Construção da Identidade Territorial do Município de Itabira (MG) a partir da criação de mosaico de suas unidades de conservação	MG	Prefeitura Municipal de Itabira – MG	APA Municipal Santo Antônio (Piracicaba); Parques Naturais Municipais do Campestre, Ribeirão São José; Reserva Biológica Municipal Mata do Bispo, parte da APA Federal Morro da Pedreira
9. Implementação da Gestão em Mosaico em Áreas Protegidas do Extremo Sul da Bahia	BA	Associação Flora Brasil	PARNAs Descobrimento, Pau Brasil e Monte Pascoal

Fonte: Ministério do Meio Ambiente

O Quadro 3 traz dados atualizados até 2020 sobre os 14 mosaicos reconhecidos oficialmente pelo ICMBio em 2020.[94]

Quadro 3 – Os 14 mosaicos reconhecidos oficialmente pelo ICMBio – localização, estado, bioma e áreas protegidas abrangidas – situação em 2020

nomes	anos de criação	estados	biomas	áreas protegidas abrangidas
1. Mosaico do Oeste do Amapá e Norte do Pará (*)	2013	AP e PA	Amazônia	PARNA Montanhas do Tumucumaque; FLONA do Amapá; Floresta Estadual do Amapá; RDS Iratapuru; Parque Natural Municipal do Cancão; RESEX Municipal Beija-Flor Brilho de Fogo; TIs Wajãpi, Parque do Tumucumaque; Rio Paru D'Este
2. Mosaico do Lagamar	2006	SP e PR	Mata Atlântica	52 áreas protegidas federais, estaduais e municipais
3. Mosaico Bocaina	2006	RJ e SP	Mata Atlântica	10 áreas protegidas federais, estaduais e municipais

94 As cifras sobre as áreas dos mosaicos listados no Quadro 3 variam de uma fonte a outra ou não constam. Isso ocorre provavelmente porque algumas fontes contabilizam apenas as áreas protegidas abrangidas e outras incluem áreas não especificadas localizadas entre elas. Por isso, não incluímos no Quadro 3 uma coluna com as áreas.

nomes	anos de criação	estados	biomas	áreas protegidas abrangidas
4. Mosaico da Amazônia Meridional	2011	AM, MT e RO	Amazônia	40 áreas protegidas federais e estaduais
5. Mosaico da Foz do Rio Doce (*)	2010	ES	Mata Atlântica	REBIOs Comboios, Sooretama; FLONA Goytacazes; ARIE Degredo; RPPNs Recanto das Antas, Restinga da Aracruz; Mutum Preto
6. Mosaico do Extremo Sul da Bahia (*)	2010	BA	Mata Atlântica	PARNAs Pau Brasil, Monte Pascoal, do Descobrimento, RESEX Marinha do Corumbau; RVS Rio dos Frades; RPPNs Veracel, Mamona, Carroula, Rio Jardim
7. Mosaico do Espinhaço: Alto Jequitinhonha – Serra do Cabral (*)	2010	MG	Cerrado	Parques Estaduais Biribiri, Pico do Itambé, Rio Preto, Serra do Cabra, Serra Negra; ESEC dos Ausentes; PARNA Sempre-Vivas; APAs de Caraíva-Trancoso, Coroa Vermelha; Parque Municipal Marinho do Recife de Fora
8. Mosaico do Baixo Rio Negro (*)	2010	AM	Amazônia	PARNAs de Anavilhanas, do Jaú; RESEX do Rio Unini; Parque Estadual do Rio Negro; APAs da Margem Direita do Rio Negro, da Margem Esquerda do Rio Negro; RDS do Rio Negro, RDSs do Amanã, do Tupé
9. Mosaico Mico-Leão-Dourado	2010	RJ	Mata Atlântica	21 áreas protegidas federais, estaduais, e municipais
10. Mosaico Capivara-Confusões (*)	2005	PI	Caatinga	PARNAs da Serra da Capivara; da Serra das Confusões
11. Mosaico da Mantiqueira	2006	RJ, SP e MG	Mata Atlântica	19 áreas protegidas federais, estaduais, e municipais
12. Mosaico Carioca	2011	RJ	Mata Atlântica	24 áreas protegidas federais, estaduais, e municipais

nomes	anos de criação	estados	biomas	áreas protegidas abrangidas
13. Mosaico Grande Sertão Veredas-Peruaçu	2009	MG	Cerrado	11 áreas protegidas federais e estaduais
14. Mosaico Mata Atlântica Central Fluminense	2006	RJ	Mata Atlântica	23 áreas protegidas federais, estaduais, e municipais

(*) Para simplificar o quadro, detalhamos as áreas protegidas incluídas em apenas seis dos 14 mosaicos.
Fontes: Ministério do Meio Ambiente – CNUC; ICMBio – Painel Dinâmico de Informações (http://qv.icmbio.gov.br/QvAJAXZfc/opendoc2.htm?document=painel_corporativo_6476.qvw&host=Local&anonymous=true); Instituto Socioambiental (ISA) – Unidades de Conservação no Brasil (https://uc.socioambiental.org/pt-br)

Os dados do Quadro 3 permitem alguns comentários:

- aparentemente, nem todos os projetos de mosaicos aprovados em 2005 (Quadro 2) foram implantados ou, se foram implantados, não mais existem;
- os mosaicos estão razoavelmente dispersos pelo território brasileiro, pois incidem sobre 12 estados brasileiros pertencentes a quatro regiões – Sul, Sudeste, Nordeste e Norte;
- os mosaicos abrangem partes de quatro dos seis biomas terrestres brasileiros, com maior incidência na Mata Atlântica;
- os mosaicos foram criados entre 2006 e 2013;
- cada mosaico tem um conselho consultivo formado por servidores de cada área protegida, dos órgãos gestores e das prefeituras locais, além de representantes de diversos segmentos sociais;
- alguns mosaicos costeiros afetam o Sistema Costeiro-Marinho, mas nenhum mosaico existe apenas nesse sistema;
- há grande variedade (de categorias e jurisdições) e quantidade de áreas protegidas englobadas pelos mosaicos;
- entre as áreas protegidas de alguns mosaicos, constam unidades municipais cujos nomes indicam que elas não pertencem ao SNUC;

- RPPNs federais e locais constam de vários mosaicos, indicando que essas unidades geridas privadamente participam desse instrumento público de gerenciamento integrado de áreas protegidas;
- apenas um dos mosaicos (Mosaico do Oeste do Amapá e Norte do Pará) inclui TIs (terras indígenas); nenhum deles inclui TQs (terras de quilombolas).

12

CONSIDERAÇÕES FINAIS

Grande parte da nossa visão sobre a história e a situação atual do conjunto das UCs brasileiras e do SNUC apareceu ao longo do texto em nossas análises, nos comentários e nas notas. Essa visão está implícita também no próprio conjunto de 11 itens que compõem o texto, com a ressalva – sobre a qual alertamos – de que a falta de dados atualizados ou devidamente formatados impediu que abordássemos alguns aspectos relevantes (visitação, parcerias, convênios, receitas e outros). Adicionalmente, a nossa opção por uma abordagem "horizontal" das UCs mostra que um tratamento coletivo delas é capaz de agregar conhecimento e *insights*. Evidentemente, isso não substitui contribuições de estudos "verticais" ou individualizados de UCs, que geram conhecimento e *insights* de outras naturezas e outras escalas.

As UCs brasileiras contam hoje com dados secundários abundantes, bem-organizados e facilmente disponíveis, o que faz delas objetos viáveis de estudos e avaliações. Esses dados, combinados com dados primários a serem produzidos (via visitas de campo, documentos administrativos, entrevistas, enquetes, grupos focais, imagens orbitais etc.) e com as numerosas análises publicadas, propiciam um forte embasamento empírico e interpretativo para estudos e políticas pertinentes a UCs individuais e a conjuntos de UCs. Além disso, muitas UCs oferecem apoio a pesquisas científicas, como acesso facilitado, locais de hospedagem e apoio de gestores.

Independentemente de outras políticas e ações em favor da conservação da natureza, o Brasil se destaca positivamente no panorama mundial de conservação da natureza no que diz respeito especificamente ao seu "acervo" de áreas protegidas ou manejadas, no qual as UCs resultam das ações mais antigas, as mais disseminadas e as mais importantes. A destacada posição do Brasil nesse *ranking* mundial se deve a numerosos fatores, que recapitulamos a seguir:

- a antiguidade e a persistência por quase 90 anos na criação e gestão de áreas protegidas;
- o grande número de unidades de áreas protegidas e manejadas;

- a expressiva área conjunta colocada sob proteção e manejo;
- a proteção e o estímulo que as UCs dão para a proteção e para um maior conhecimento científico sobre a rica biodiversidade associada à tropicalidade do território brasileiro;
- a variedade de categorias de UCs, que permite flexibilidade nas iniciativas de proteção e no trabalho de manejo;
- a ampla distribuição das várias categorias de UCs pelos biomas, ecossistemas, estados e regiões brasileiros;
- a adoção de critérios científicos e sociais para a criação e o manejo de UCs;
- a participação de proprietários privados e ONGs na criação e no gerenciamento de RPPNs.

Existem também problemas sérios que ameaçam enfraquecer o status do Brasil no panorama mundial de proteção da biodiversidade e das áreas protegidas:

- a falta de regularização fundiária e patrimonial de muitas UCs;
- a escassez de gestores diretamente alocados nas UCs;
- a falta de planos de manejo e conselhos de gestão em muitas UCs;
- a vulnerabilidade das UCs em face de atividades produtivas e da construção de infraestrutura, que competem com elas pelo uso de espaços, territórios e recursos – como a agropecuária de grande porte, os assentamentos de reforma agrária, as estradas, as hidrelétricas, as linhas de transmissão, as minerações, a pesquisa mineral, os plantios comerciais de árvores etc.;
- muitas UCs nasceram com, e algumas ainda vivenciam, pendências ligadas à sua sobreposição com TIs, TQs e terras usadas por comunidades extrativistas;
- apesar da falta de dados consolidados recentes e de exceções, as UCs visitáveis ainda são pouco visitadas.

***

Esperamos que este texto chegue aos mesmos níveis de consultas e citações alcançados pelo nosso texto similar de 2005, embora a sua publicação esteja acontecendo em um contexto muito mais "competitivo" que o daquele ano. As bases de dados secundários disponíveis sobre UCs são hoje mais numerosas, mais bem-organizadas, mais ricas em dados e mais facilmente consultáveis do que o valioso CNUC pioneiro que usamos em 2005. Além disso, a literatura analítica sobre UCs cresceu enormemente nos quase 20 anos decorridos desde 2005, na medida em que as UCs e as diversas políticas de proteção da biodiversidade se tornaram objetos de estudos sistemáticos conduzidos por autores com formações e abordagens diversificadas. Este nosso texto repousa, principalmente, na exposição e na interpretação de dados secundários válidos para grupos de UCs, mas confiamos que ele será útil para estudos que focalizem UCs individuais e incluam dados primários e análises baseadas em diferentes conceitos e teorias.

REFERÊNCIAS

Livros, artigos, capítulos de livros, teses, dissertações, catálogos, documentos de arquivo

ANDRADE, Reinaldo de; ALCÂNTARA, Araquém. *Parques Nacionais*: Brasil. São Paulo: Empresa das Artes, 2003.

ARAÚJO, Marcos Antônio Reis. *Unidades de conservação no Brasil – da República à gestão de classe mundial.* Belo Horizonte: Segrac, 2007.

BARRETO, Cristiane Gomes; FRANCO, José Luiz de Andrade; DRUMMOND, José Augusto. Cooperação internacional e as relações Brasil – EUA na conservação da natureza. *In*: SÁ, Magali Romero; SÁ, Dominichi Miranda de; Silva, André Felipe Cândido da (org.). *As Ciências na história das relações Brasil-EUA*. Rio de Janeiro: FAPERJ, 2020. p. 407-431.

BARROS, Lídia Almeida. *Vocabulário enciclopédico das unidades de conservação no Brasil.* São Paulo: Arte e Ciência; Unimar, 2000.

BARROS, Wanderbilt Duarte de. *Parques nacionais do Brasil.* Rio de Janeiro: Ministério da Agricultura, 1952.

BENJAMIN, Antônio Herman (ed.). *Direito ambiental das áreas protegidas.* Rio de Janeiro: Forense Universitária, 2001.

BENSUSAN, Nurit. *Conservação da biodiversidade em áreas protegidas.* Rio de Janeiro: FGV, 2006.

BRITO, Daguinete Maria Chaves Gonçalves. *A Construção do Espaço Público na Gestão Ambiental de Unidades de Conservação*: O Caso da Área de Proteção Ambiental do Rio Curiaú – Amapá. 2003. Dissertação (Mestrado em Desenvolvimento Sustentável) – Universidade de Brasília, Brasília, 2003.

BRITO, Maria Cecília Wey de. *Unidades de conservação*: intenções e resultados. São Paulo: Annablume e Fapesp, 2000.

CAMURÇA, Claudia (coord.). *Parques nacionais*: Brasil. São Paulo: Empresa das Artes, 1996.

CARVALHO, Lílian Maria Ferraz de. *Gestão de Áreas de Proteção Ambiental no Estado da Bahia*: Análise de um Modelo em Construção. 2004. Dissertação (Mestrado em Desenvolvimento Sustentável) – Universidade de Brasília, Brasília, 2004.

CBD; UNEP. *Estratégia Global para a Conservação de Plantas*. Rio de Janeiro: Rede Brasileira de Jardins Botânicos; Instituto de Pesquisas Jardim Botânico do Rio de Janeiro; Botanic Gardens Conservation International, 2006.

CEZAR, Paulo Bastos; OLIVEIRA, Rogério Ribeiro de. *A Floresta da Tijuca e a cidade do Rio de Janeiro*. Rio de Janeiro: Nova Fronteira, 1989.

DEAN, Warren. *A Ferro e fogo*: a história e a devastação da Mata Atlântica brasileira. São Paulo: Companhia das Letras, 1996.

DEBETIR, Emiliana; ORTH, Dora. *Unidades de conservação*: gestão e conflitos. Florianópolis: Insular, 2007.

DELLOS, Matt. *In the Adirondacks* – dispatches from the largest park in the lower 48. New York: Empire State Publications, 2023.

DOUROJEANNI, Marc J.; PÁDUA, Maria Tereza Jorge. *Biodiversidade:* a hora decisiva. Curitiba: Editora da UFPR, 2001.

DRUMMOND, José Augusto. *Devastação e preservação ambiental no Rio de Janeiro* – os parques nacionais do estado do Rio de Janeiro. Niterói: EDUFF, 1997. Disponível em: https://www.academia.edu/3457370/Devastação_e_Preservação_Ambiental_no_Rio_de_Janeiro_os_parques_nacionais_do_estado_do_Rio_de_Janeiro

DRUMMOND, José Augusto. From Randomness to Planning: the 1979 Plan for Brazilian National Parks. *In*: FIEGE, Mark; ORSI, Jared; HAWKINS, Adrian (org.). *National Parks beyond the Nation*: Global Perspectives on 'America's Best Idea'. Norman, Oklahoma: University of Oklahoma Press, 2016. p. 210-234.

DRUMMOND, José Augusto. O Jardim dentro da máquina – breve história ambiental da Floresta da Tijuca. *Estudos Históricos*, v. 1, n. 2, p. 276-298, 1988.

DRUMMOND, José Augusto. *O Sistema brasileiro de parques nacionais:* análise dos resultados de uma política ambiental. Niterói: EDUFF, 1997.

DRUMMOND, José Augusto. *Proteção e produção*. Rio de Janeiro: Garamond, 2014.

DRUMMOND, José Augusto. *Protected areas versus areas occupied by productive activities and infrastructure in Brazil* – is there room for everybody? Disponível em: https://www.academia.edu/30231969/Protected_areas_versus_areas_occupied_by_productive_activities_and_infrastructure_in_Brazil_is_there_room_for_everybody. Acesso em: 26 mar. 2024.

DRUMMOND, José Augusto; BARROS, Ana Flávia Granja; CAPELARI, Mauro Guilherme Maidana. *Brazilian environmental policy* – a short biography, 1934-2020. Curitiba: Editora Appris, 2022.

DRUMMOND, José Augusto; BRITO, Daguinete Maria Chaves; CASTRO, Teresa Cristina Albuquerque de Dias. *Atlas das unidades de conservação do Estado do Amapá*. Macapá: Secretaria de Meio Ambiente do Amapá; Gerência Executiva do IBAMA no Amapá, 2005.

DRUMMOND, José Augusto; CAPELARI, Mauro; BARROS, Ana Flávia Granja. *Brazilian environmental policy* – a short biography. Curitiba: Appris, 2022.

DRUMMOND, José Augusto; CRESPO, Samyra. O Parque Nacional da Tijuca – contribuição para a gestão compartilhada de uma unidade de conservação urbana. *Série Comunicações do ISER*, 54, ano 19, 2000. Disponível em: https://www.academia.edu/3385316/O. Acesso em: 26 mar. 2024.

DRUMMOND, José Augusto; FRANCO, José Luiz de Andrade; NINIS, Alessandra Bortoni. Brazilian federal conservation units: a historical overview of their creation and of their current status. *Environment and History*, v. 15, p. 463-491, 2009.

DRUMMOND, José Augusto; FRANCO, José Luiz de Andrade; NINIS, Alessandra Bortoni. *O Estado das áreas protegidas no Brasil* – 2005. Brasília, 2005. Disponível em: https://www.academia.edu/3307044/O_Estado_dasÁreas_Protegidas_do_Brasil_-_2005. Acesso em: 26 mar. 2024.

DRUMMOND, José Augusto; FRANCO, José Luiz de Andrade; OLIVEIRA, Daniela de. An assessment of Brazilian conservation units – a second look. *Novos Cadernos NAEA*, v. 15, n. 1, p. 53-83, jun. 2012.

DRUMMOND, José Augusto; FRANCO, José Luiz de Andrade; OLIVEIRA, Daniela de. "Uma análise sobre a história e a situação das unidades de conservação no Brasil". *In*: GANEM, Roseli Senna (org.). *Conservação da biodiversidade*: legislação e políticas públicas. Brasília: Editora Câmara, 2010. p. 341-385.

DRUMMOND, José Augusto; PLATIAU, Ana Flávia Barros. Brazilian environmental laws and policies, 1934-2002: a critical overview. *Law & Policy*, v. 8, n. 1, p. 83-108, 2006.

FIEGE, Mark; ORSI, Jared; HAWKINS, Adrian (org.). *National parks beyond the nation*: global perspectives on 'America's Best Idea'. Norman: Oklahoma: University of Oklahoma Press, 2016.

GUERRA, Antônio José Teixeira; COELHO, Maria Célia Nunes. *Unidades de conservação*: abordagens e características geográficas. Rio de Janeiro: Bertrand, 2009.

FRANCO, José Luiz de Andrade. O conceito de biodiversidade e a história da biologia da conservação: da preservação da *wilderness* à conservação da biodiversidade. *História*, São Paulo, v. 32, n. 2, p. 21-48, jul./dez. 2013.

FRANCO, José Luiz de Andrade; DRUMMOND, José Augusto. *Proteção à natureza e identidade nacional no Brasil, anos 1920-1940.* Rio de Janeiro: Fiocruz, 2009.

FRANCO, José Luiz de Andrade; DRUMMOND, José Augusto; BARRETO, Cristiane; BRAZ, Vivian. Itatiaia, o primeiro parque nacional brasileiro: impressões de viagem e reflexões. *In*: LEUZINGER, Márcia Diégues; SILVA, Solange Teles da; CUREAU, Sandra (ed.). *Espaços territoriais especialmente protegidos.* Brasília: Uniceub, 2015. p. 93-116.

FRANCO, José Luiz de Andrade; SCHITTINI, Gilberto de Menezes; BRAZ, Vivian da Silva. História da Conservação da Natureza e das Áreas Protegidas: Panorama Geral. *Historiæ*, v. 6, n. 2 (Dossiê Patrimônio Histórico e Ambiental), p. 233-270, 2015.

FREITAS, Frederico. *Nationalizing Nature* – Iguazu Falls and National Parks at the Brazil – Argentina Border. Cambridge, United Kingdom: Cambridge University Press, 2021.

GANEM, Roseli Senna; FRANCO, José Luiz de Andrade. *Unidades de conservação de proteção integral do Cerrado*: base legal, histórico e gestão. Brasília: Câmara dos Deputados, 2021.

GONÇALVES, Alyne dos Santos; FRANCO, José Luiz de Andrade. Adelmar Coimbra-Filho: primatologia, áreas protegidas e conservação da natureza no Brasil. *História*, v. 41, p. 1-26, 2022.

GOVERNO DO ESTADO DE SÃO PAULO. *Atlas das unidades de conservação ambiental do Estado de São Paulo*. São Paulo: Metalivros, 1998.

GROOM, Martha J.; MEFFE, Gary K.; CARROLL, C. Ronald (ed.). *Principles of conservation biology.* 3. ed. Massachusetts: Sinauer Associates, 2006.

IBAMA; MMA. *Atlas de conservação da natureza brasileira:* unidades federais. São Paulo: Metalivros, 2004.

INSTITUTO BRASILEIRO DE DESENVOLVIMENTO FLORESTAL E FUNDAÇÃO BRASILEIRA PARA A CONSERVAÇÃO DA NATUREZA. *Plano do Sistema de Unidades de Conservação no Brasil.* Brasília e Rio de Janeiro: Instituto Brasileiro de Desenvolvimento Florestal e Fundação Brasileira para a Conservação da Natureza, 1979.

INSTITUTO BRASILEIRO DE DESENVOLVIMENTO FLORESTAL E FUNDAÇÃO BRASILEIRA PARA A CONSERVAÇÃO DA NATUREZA. *Plano do sistema de unidades de conservação no Brasil* – II Etapa. Brasília e Rio de Janeiro: Instituto Brasileiro de Desenvolvimento Florestal e Fundação Brasileira para a Conservação da Natureza, 1982.

KOLBERT, Elizabeth. *A sexta extinção*: uma história não natural. Rio de Janeiro: Editora Intrínseca, 2015.

LEÃO, Regina Machado. *A floresta e o homem*. São Paulo: Edusp – IPEF, 2000.

LEITE, Juliana Ferreira. *Unidades de Conservação no Estado de Goiás*: realidades e perspectivas. 2002. Dissertação (Mestrado em Desenvolvimento Sustentável) – Universidade de Brasília, Brasília, 2004.

LEUZINGER, Márcia Diégues. *Natureza e cultura:* unidades de conservação de proteção integral e populações tradicionais residentes. Curitiba: Letra da Lei, 2009.

LEUZINGER, Márcia Diégues; SILVA, Solange Teles da; CUREAU, Sandra (ed.). *Espaços territoriais especialmente protegidos*. Brasília: Uniceub, 2015.

MCCORMICK, John. *Rumo ao paraíso:* história do movimento ambientalista. Rio de Janeiro: Relume Dumará, 1992.

MENESES, Pedro da Cunha *et al. Parque Nacional da Tijuca* – uma floresta na metrópole. Rio de Janeiro: Andrea Jakobsson Estúdio, 2016.

MERCADANTE, Maurício. Uma década de debate e negociação: a história da elaboração da Lei do SNUC. *In*: BENJAMIN, Antônio Herman (ed.). *Direito ambiental das áreas protegidas*. Rio de Janeiro: Forense Universitária, 2001. p. 190-231.

MILANO, Miguel Serediuk (org.). *Unidades de conservação*: atualidades e tendências. Curitiba: Fundação O Boticário de Proteção à Natureza, 2002.

MILLER, Kenton. *Em busca de um novo equilíbrio*: diretrizes para aumentar as oportunidades de conservação da biodiversidade por meio do manejo biorregional. Brasília: IBAMA, 1997.

MORSELLO, Carla. *Áreas protegidas públicas e privadas*: seleção e manejo. São Paulo: Annablume e FAPESP, 2001.

NOSS, Reed F.; COOPERRIDER, Allen Y. *Saving nature's legacy*: protecting and restoring biodiversity. Washington, DC: Island Press / Defenders of Wildlife, 2004.

NÚCLEO para Excelência de Unidades de Conservação Ambiental (NEXUCS). *Unidades de conservação no Brasil*: o caminho da gestão para resultados. São Carlos: RiMa, 2012.

PÁDUA, Maria Tereza Jorge. *Os Parques nacionais e reservas biológicas do Brasil*. Brasília: Instituto Brasileiro de Desenvolvimento Florestal, 1983.

PÁDUA, Maria Tereza Jorge. Sistema Brasileiro de Unidades de Conservação: de onde viemos e para onde vamos? *In*: CONGRESSO BRASILEIRO DE UNIDADES DE CONSERVAÇÃO. v. I. Curitiba: IAP/UNILIVRE/Rede Nacional Pró Unidades de Conservação, 1997. *Anais* [...]. Curitiba, 1997.

PÁDUA, Maria Tereza Jorge. *Unidades de conservação do Brasil*. Brasília: Instituto Brasileiro do Meio Ambiente e dos Recursos Renováveis, 1989.

PÁDUA, Maria Tereza Jorge; COIMBRA FILHO, Adelmar. *Os Parques nacionais do Brasil*. Rio de Janeiro: José Olympio, 1979.

PRIMACK, Richard; RODRIGUES, Efraim. *Biologia da conservação*. Londrina: E. Rodrigues, 2001.

PUREZA, Fabiana; PELLIN, Angela; PÁDUA, Claudio. *Unidades de conservação*: fatos e personagens que fizeram a história das categorias de manejo. São Paulo: Matrix, 2015.

REBOUÇAS André. *Excursão ao salto do Guaíra:* o parque nacional. Rio de Janeiro: 1876.

ROCHA, Leonardo; DRUMMOND, José Augusto; GANEM, Roseli Senna. "Parques nacionais brasileiros: problemas fundiários e alternativas, para a sua resolução". *Revista de Sociologia e Política*, v. 18, p. 205-226, 2010.

SOULÉ, Michael E. *Collected papers of Michael E. Soulé:* early years in modern conservation biology. Washington, DC: Island Press, 2014.

SOULÉ, Michael E.; TERBORGH, John (ed.). *Continental conservation*: scientific foundations of regional reserve networks. Washington, DC: Island Press, 1999.

WORSTER, Donald. *Nature's economy*: a history of ecological ideas. Cambridge: Cambridge University Press, 1998.

Portais, sites, páginas da Internet

A RESERVA. Conheça a RPPN Feliciano Miguel Abdala. *Preserve Muriqui*, 2020. Disponível em: https://www.preservemuriqui.org.br/a-reserva. Acesso em: 26 mar. 2024.

ATOS Normativos. *CONAMA*, [2023]. Disponível em: http://conama.mma.gov.br/atos-normativos-sistema. Acesso em: 26 mar. 2024.

BRASIL. Ministério do Meio Ambiente e Mudança do Clima. *Cadastro Nacional de Unidades de Conservação (CNUC)*, [2024]. Disponível em: https://www.gov.br/mma/pt-br/assuntos/areasprotegidasecoturismo/plataforma-cnuc-1. Acesso em: 26 mar. 2024.

CBUC. Congresso Brasileiro de Unidades de Conservação. *Fundação Grupo Boticário*. Disponível em: https://eventos.fundacaogrupoboticario.org.br/. Acesso em: 26 mar. 2024.

COP15: nations adopt four goals, 23 targets for 2030 in landmark UN biodiversity agreement. Convention on Biological Diversity. *Official CBD Press Release*, 19 de dezembro de 2022. Disponível em: https://www.cbd.int/article/cop15-cbd-press-release-final-19dec2022. Acesso em: 26 mar. 2024.

FLORESTA Nacional de Ipanema. *ICMBio*, [2024]. Disponível em: https://www.icmbio.gov.br/flonaipanema/guia-do-visitante.html. Acesso em: 26 mar. 2024.

INSTITUTO Terra. [2024]. Disponível em: https://institutoterra.org/. Acesso em: 26 mar. 2024.

MESQUITA, João Lara. Biodiversidade, saiba quais são os países campeões. *Estadão*, 7 de novembro de 2019. Disponível em: https://marsemfim.com.br/biodiversidade-saiba-quais-sao-os-paises-campeoes/. Acesso em: 26 mar. 2024.

NEXUCS. Núcleo de Excelência em Unidades de Conservação Ambiental. [2024]. Disponível em: https://www.nexucs.com.br/. Acesso em: 26 mar. 2024.

PAINEL de Indicadores da Confederação Nacional de RPPNs. *Confederação Nacional de RPPNs.* 2024. Disponível em: https://lookerstudio.google.com/u/0/reporting/0B_Gpf05aV2RrNHRvR3kwX2ppSUE/page/J7k. Acesso em: 26 mar. 2024.

PAINEL Dinâmico de Informações. *ICMBio*. 2021. Disponível em: http://qv.icmbio.gov.br/QvAJAXZfc/opendoc2.htm?document=painel_corporativo_6476.qvw&host=Local&anonymous=true. Acesso em: 26 mar. 2024.

PAINEL Unidades de Conservação Brasileiras. 2024. Disponível em: https://app.powerbi.com/view?r=eyJrIjoiMGNmMGY3NGMtNWZlOC00ZmRmLWExZWItNTNiNDhkZDg0MmY4IiwidCI6IjM5NTdhMzY3LTZkMzgtNGMxZi1hNGJhLTMzZThmM2M1NTBlNyJ9&pageName=ReportSectione0a112a2a9e0cf52a827. Acesso em: 26 mar. 2024.

RESERVA Biológica de Sooretama. *WikiParques.* 2016. Disponível em: https://www.wikiparques.org/wiki/Reserva_Biológica_de_Sooretama#Hist.C3.B3rico. Acesso em: 26 mar. 2024.

UMA rede pulsante de água e árvores. *WWF.* [2024]. Disponível em: https://www.wwf.org.br/natureza_brasileira/areas_prioritarias/amazonia1/bioma_amazonia/ecossistemas_da_amazonia/#:~:text=Uma%20ecorregi%C3%A3o%20engloba%20uma%20%C3%A1rea,espelham%20sua%20grande%20diversidade%20biol%C3%B3gica. Acesso em: 26 mar. 2024.

UNIDADES DE CONSERVAÇÃO NO BRASIL. *Situação atual das Unidades de Conservação.* Disponível em: https://uc.socioambiental.org/pt-br. Acesso em: 26 mar. 2024.